世界500强人力资源总监管理日志

陈浩◎著

天津出版传媒集团

天津科学技术出版社

图书在版编目（CIP）数据

世界500强人力资源总监管理日志 / 陈浩著. -- 天津：天津科学技术出版社，2017.12（2018.4重印）
ISBN 978-7-5576-3773-6

Ⅰ. ①世⋯ Ⅱ. ①陈⋯ Ⅲ. ①企业管理-人力资源管理 Ⅳ. ①F272.92

中国版本图书馆CIP数据核字(2017)第222353号

责任编辑：布亚楠

天津出版传媒集团
天津科学技术出版社出版

出版人：蔡 颢
天津市西康路35号　　邮编：300051
电话（022）23332695（编辑部）
网址：www.tjkjcbs.com.cn
新华书店经销
北京中振源印务有限公司印刷

开本 710×1000　1/16　印张 16　字数 203 000
2018年4月第1版第2次印刷
定价：45.00元

前言 PREFACE

纵观企业的发展历史，世界上所有"百年常青"的成功企业都有一个共同点，即把企业永葆青春的着重点放在"人"这个支撑点上，也就是把人力资源当作企业资源配置的第一要素。例如，美国著名管理大师彼得·德鲁克曾说："企业只有一项真正的资源，那就是人。"而美国最成功的女企业家玫琳凯也曾指出："优秀的人才是公司最重要的资产，留住好人才是一个公司优秀的标志。"

正如《孙子兵法》被众多世界500强企业重视并应用到管理实践中一样，博大精深的中国古代管理思想，早就形成了一整套严谨、科学、系统的用人思想体系。中国古代的用人思想，与西方现代企业的管理理念有着惊人的相似之处，这反映出用人真理的永恒性。

例如，古人视"诚信"为宝，而世界500强企业也将诚信作为公司的核心价值观；古人"用赏者贵信，用罚者贵必"，而世界500强企业则普遍建立了一整套高效的激励机制；古人以"用人无疑，唯才所宜""不限资考"等作为用人的指导思想，而世界500强企业则以多元化的理念招聘来自世界各地的员工；古人认为"贤路当广而不当狭，言路当开而不当塞"，而世界500强企业同样建立了"自上而下"和"自下而上"的员工沟通体系；古人有"用兵之法，教戒为先"的策略，而世界500强企业则纷纷斥巨资对员工进行长期培训。

由此可见，重视人力资源管理是保证企业持续发展和保持企业竞争优势的重要因素。人力资源管理就是充分开发人力资源，目前早已成为现代企业的一项战略性管理职能。

人力资源总监是现代企业中最重要、最有价值的顶尖管理职位之一，也是企业的战略伙伴及核心决策层的重要成员，其核心工作是制定符合企业现实情况且具有创新性和前瞻性的人力资源战略规划。

鉴于人力资源总监工作的重要性，为了让不同领域的人力资源管理者能够系统、全面地掌握人力资源管理的相关知识，我们从企业人力资源总监的实际需求出发，结合众多世界500强企业的经典教材和典型案例，为众多人力资源总监量身打造了这本《世界500强人力资源总监管理日志》，旨在为他们提供解决问题的方法和途径，并使他们学会在实际工作中运用人力资源管理的理论与技巧。

本书系统地阐述了人力资源管理的基本理论和方法，从抽象到具体，从理论到实践，循序渐进、重点突出，理念新颖、视角独到，内容生动、案例丰富，将人力资源的定位与规划、员工招聘、绩效管理、薪酬福利管理、培训发展、员工关系以及企业文化等内容有机地结合起来。本书荟萃了很多重要的管理思想，具有理论的前瞻性和操作的实用性，是一部值得一读的实战型人力资源管理书。

本书既可以作为高等院校管理类专业的教学用书，又可以作为人力资源管理部门和其他各部门管理人员的参考书。希望本书能对从事人力资源管理工作的相关人员以及广大读者有所帮助和启发。

目录 CONTENTS

001 | 第一章
定位明确,提升人力资源管理的价值链

如何定位?人力资源管理的"四种角色"与"三驾马车" / 002

HRBP的转型与胜任力提升 / 006

工业4.0下,人力资源管理如何进行转型 / 010

提升管理价值,必备5项基本技能与3项核心技能 / 014

经典案例:宝洁公司人力资源部的使命与定位 / 018

023 | 第二章
通观全局,制定人力资源的战略规划

"望闻问切",人力资源的初步"诊断" / 024

理清思路,人力资源的准确分析 / 029

算准时机,人力资源的合理规划 / 033

适应发展,企业组织架构的设计 / 037

人力资源管理的7个子规划和4项原则 / 041

经典案例:思科公司基于企业价值观的人力资源规划 / 045

第三章
相马还是赛马，世界500强企业的用人标准
049

历久弥新，世界500强用人标准之敬业精神 / 050
拒绝"独行侠"，世界500强用人标准之团队精神 / 054
沟通无边界，世界500强用人标准之沟通技能 / 058
善于奇思妙想，世界500强用人标准之创新能力 / 062
挑战不可能，世界500强用人标准之应对压力 / 066
经典案例：苹果、GE等世界500强企业的用人标准 / 070

第四章
练就一双火眼金睛，员工的招募与甄选
077

面试前，面试官应采取哪些准备工作 / 078
选人就像选钻石，严把面试关 / 082
透过现象看本质，判断应聘者的潜力 / 087
注重结构化面试，面试技巧之STAR法 / 092
别出心裁，世界500强企业的新型面试手段 / 096
经典案例：合适的才是最好的，华为公司的招聘原则 / 100

第五章
注重员工培训，保证企业的可持续发展
105

重视培训，避免优秀人才流失 / 106
搭好架子，培训体系的建立 / 110
需求分析，员工培训成功的关键所在 / 114
理智盘点，员工的培训评估 / 118
经典案例：在"蓝色海洋"中不断成长，IBM员工培训 / 122

第六章 127
做好有效沟通，员工关系的管理

以员工为中心，员工关系管理的最高境界 / 128

员工关系管理的重要性 / 131

如何管理企业中的"明星员工" / 135

有法可依，处理违纪员工的正确方式 / 139

经典案例：惠普之道，信任和尊重员工 / 143

第七章 147
分好蛋糕，设计合理的薪酬福利体系

设计一套合理的薪酬体系，需要哪些步骤 / 148

掌握薪酬谈判技巧，实现双赢 / 153

正向激励，薪酬激励的方案如何设计 / 156

设计岗位宽带薪酬的方法 / 161

针对企业高管，应采用什么薪酬结构 / 165

经典案例：薪资、奖金与期权，阿里巴巴公司的薪酬体系 / 169

第八章 173
绩效管理体系，让"烫手的山芋"不再"烫手"

绩效管理工作，绝对不是人力资源一个部门的事 / 174

在绩效考核中，企业存在的认识误区 / 177

绩效管理，不可忽视绩效辅导沟通的作用 / 181

既要重视考核量化指标，又要重视考核过程 / 185

绩效考核，考核的不是"打分"而是"绩效" / 189

经典案例：绩效管理最佳工具，飞利浦公司的平衡计分卡 / 193

197 第九章
天下没有不散的宴席，员工的离职管理

离职员工是宝贵财富，充分挖掘其剩余价值 / 198

让员工"完美离别"，做好离职管理 / 202

看好企业的"萧何"，留住中层管理者 / 206

"关羽们"怎么办？应对核心人才流失的方法 / 210

经典案例：麦肯锡公司，离职员工管理的典范 / 213

217 第十章
吸引人才的最佳载体，塑造良好的企业文化

各级管理者，在建设企业文化过程中的不同定位 / 218

企业文化的认识误区 / 221

注重细节，让企业文化落地生根 / 225

跨文化现象，跨国公司融合企业文化的方法 / 228

经典案例：乔布斯的偏执，苹果公司独特的企业文化 / 232

236 附 录

世界500强企业最喜欢聘用的13种人 / 236

世界500强企业坚决不用的13种人 / 240

第一章
定位明确,提升人力资源管理的价值链

随着市场经济的发展,人们越来越认识到人力是一种资源,人力资源不再是单纯的人事管理,而是逐步上升到战略的高度,并与企业的生存发展密切相关。对企业来说,竞争对手即使能够模仿企业的资金渠道、战略和技术,也不能模仿企业的人才。著名的人力资源管理大师尤里奇认为,人力资源管理可以定位于企业的战略伙伴、变革先锋、员工卫士和行政专家这四种角色。因此,提高人力资源管理者的素质,就能够提升企业人力资源管理的价值链。

如何定位？人力资源管理的"四种角色"与"三驾马车"

人力资源（HR）是企业各项资源中极为关键的资源，能够对企业产生非常重大的影响，因此，历来被国内外众多知名企业重视。

那么在企业中，人力资源管理应该如何进行角色定位呢？为此，全球著名的人力资源管理大师尤里奇提出了"四种角色"理论模型。具体包括以下几点。

1. 战略伙伴

人力资源管理可以分成六大模块，即人力资源规划、招聘与配置、培训与开发、绩效管理、薪酬福利管理、员工关系管理。

其中，第一大模块就是人力资源规划，但要想做好人力资源规划，就必须熟悉企业未来的发展战略或者企业未来的发展重点。也就是说，人力资源管理只有成为企业的战略伙伴，时刻关注企业的需求，进而抓住企业的真正需求，才能实现在企业中的真正价值。

2. 变革先锋

如今时代在变，企业也在变，唯一不变的就是变。如果企业不变，就无法跟上社会发展的步伐。因此，人力资源管理必须紧紧跟随企业的脚步，例如，考虑组织机构如何配套、组织流程如何跟进、人员能力如何提高，这样才能发挥人力资源管理的价值。

3. 员工卫士

人力资源工作者的工作对象主要是员工，因此要懂得如何激发他们的潜能，并通过激励、绩效等手段具体实现。同时，人力资源管理者还要关注员工工作与成长的环境，并且使自己成为员工与其管理者之间的润滑剂，也就是做一个"员工卫士"。但员工卫士并不是仅仅站在员工这一方的角度上，而是更多地关注劳资双方利益上的平衡，使双方相互理解、信任，进而帮助企业打造一个良好的雇佣关系，实现劳资双方的双赢。

4. 行政专家（人力资源专业者）

人力资源从业者的进入门槛不高，但要想做好并不容易。因为这个岗位的工作十分烦琐，需要事无巨细，是一个让人烦不胜烦的工作。虽然每天做的事情似乎都在重复，但随着环境、人员的变动，做的事情也会产生变化。

因此，人力资源管理者只有成为一名专业人士，或者说用非常专业的方法，才能帮助企业、部门、员工解决实际问题。

对人力资源管理者来说，上述四个角色缺一不可，否则，就无法在企业中实现真正有价值的目标。

除了这四个角色之外，人力资源管理还包含"三驾马车"的概念，这是在变革转型中产生的符合人力资源价值主张的先进管理理念，通常也被称为"HR三支柱模型"，即HRCOE（人力资源专业知识中心或人力资源领域专家）、HRSSC（人力资源共享服务中心）、HRBP（人力资源业务合作伙伴）。

"三驾马车"的核心思想，是将人当成一种"资本"而不是一种"资源"，并将"人力资本"当成一项具体业务运营，即要求人力资源像其他业务单元一样运作，以实现该项业务的增值。例如，有人负责客户管理，有人负责专业技术，有人负责服务交付。这种业务模式的改变，大大提升了人力资源的效率和效能。

因此,人力资源管理的"三驾马车",既是HR变革转型的发展方向,又是HR开展工作的指导理念,还是HR职业发展的三条道路和成长的三个阶段。

下面,我们来全面认识一下HR"三驾马车"。

1. HRCOE(Human Resources Centre of Excellence or Center of Expertise)

HR领域的专家,首先应确保设计的一致性,建立HR专业能力,以提升公司人力资源政策、流程和方案的有效性。具体来说,HRCOE应扮演好以下几个角色。

(1)设计者。运用自身领域内的知识,来设计业务导向、创新HR政策、流程和方案等相关事项,并持续改进项目的有效性。

(2)管控者。管控政策、流程的合规性,从而控制相关风险。

(3)技术专家。为HR业务管理人员提供本领域内的技术支持。

2. HRSSC(Human Resources Shared Service Centre)

HR的标准服务提供者,首先应确保服务交付的一致性,即提供标准化、流程化的服务,这样才能提升HR的整体服务效率。具体来说,HRSSC应扮演好以下几个角色。

(1)员工呼叫中心。支持员工和管理者发起的各项服务需求。

(2)HR流程事务处理中心。支持由COE(人力资源领域专家)发起的主流程的行政事务部分,例如发薪、招聘等要求。

(3)HRSSC运营管理中心。提供质量、内控、数据、技术(包括自助服务)和供应商管理支持。

3. HRBP(Human Resources Business Partner)

HR的业务伙伴,首先应确保业务导向,并贴近业务配备HR资源。这需要提供统一的服务界面,即端到端的解决方案;同时,应为公司核心价值观的传承及政策落地提供相应的保障。具体来说，HRBP应扮演好以下几个角色。

（1）战略伙伴。在组织和人才战略、核心价值观等传承方面，推动战略能够得到贯彻执行。

（2）解决方案集成者。集成COE（人力资源领域专家）的设计，以形成业务导向的解决方案。

（3）HR流程执行者。推行HR的各项流程，并支持人员管理决策。

（4）变革推动者。扮演好企业变革"催化剂"的角色。

（5）关系管理者。有效管理员工队伍中存在的各种问题。

通过对HR"三驾马车"的全面解析，我们可以看到"三驾马车"是HR变革转型的重要发展方向，即将"人力资本"作为业务经营，使得人力资源部门能够从职能导向转型为业务导向，这样就能够实现人力资源管理的业务增值和价值主张，进而极大地提升HR的效率和效能。

HRBP的转型与胜任力提升

在大型组织中，公司内部的高层管理人员是人力资源部最重要的客户。因为在这些企业中，高层管理人员众多，需求千差万别，所以，人力资源业务合作伙伴（HRBP）的角色应运而生。

HRBP定位于高层管理者的参谋与伙伴，并为他们提供咨询服务和解决方案，以确保HR贴近和满足他们的需求。

与HR部门扮演的战略伙伴、变革先锋、员工卫士、人力资源专家这四种角色一样，HRBP也有四种角色类型，包括战略伙伴、运营经理、紧急事件处理者、员工仲裁者。

但这四种角色的重要性不同，因此，相对应的胜任能力内涵、提升策略也不相同。下面，我来分别介绍一下这四种角色的特点。

1. 战略伙伴（Strategic Partner，简称SP）

战略伙伴的角色是HRBP的终极目标，其胜任力包括以下几点。

（1）HR管理者不但能够管理企业现有的人力资本，而且要对企业未来的人力资本做出有效预测；同时，需要不断梳理和完善企业内部的沟通渠道，并据此对人力资源管理的战略规划做出及时调整。

（2）以选拔和培训等方式，来培养企业的未来领导者。

（3）参照企业未来的发展战略，并分析HR管理效能如何，最终确定在不同阶段用哪些关键指标来衡量HR管理效能。

（4）为企业新业务所需的人员配备设计相应的战略规划，以促进HR效能并提高组织架构。

（5）从员工的角度出发，分析企业内部人才的发展需求，并确定需求的相应顺序，进而为优化激励效果提供依据。

2. 运营经理（Operations Manager，简称OM）

运营经理这个角色，其胜任力要求具体包括以下几点。

（1）与员工积极沟通公司的企业文化、政策以及工作流程，对其做出及时评估并追踪员工的态度。

（2）确保HR的项目与企业文化保持一致。

（3）对HR项目的进展及时进行更新。

3. 紧急事件处理者（Emergency Responder，简称ER）

目前很多中国企业HR管理者，大多扮演"救火队员"的角色，即紧急事件处理者。其胜任力包括以下几点。

（1）能及时应对各种紧急事件并处理好各种投诉。

（2）对于企业员工所提出的问题，能够迅速给予回应或提供相应的解决方案。

4. 员工仲裁者（Employee Mediator，简称EM）

员工仲裁者与"救火队员"的角色比较接近，扮演这个角色的要求如下。

（1）能够调节管理层之间以及管理者与员工之间的矛盾。

（2）能解决业务计划执行过程中所出现的政治问题。

在HRBP的四种角色中，战略伙伴对企业的影响力远超过其他角色。而取得成功的HRBP通常具备如下特点。

（1）善于用业务语言来描述HR问题。

（2）善于将HR专业知识与业务知识相结合，从而发现并解决企业内部的问题。

（3）注重并支撑业务绩效的提升。

那么如何来提升HRBP的胜任力呢？首先，企业应从观念上澄清认知，进而在实践过程中提炼有效的学习机制，最终建立一个合适的组织架构和管理模式。具体来说，提升HRBP的胜任力包括以下几点。

1. 需要提升哪些方面的胜任力

每一种HRBP角色都有其对应的胜任能力，也有相应的策略来提升不同角色的胜任力，这个过程始终充满挑战。策略具体包括以下几点。

（1）非专业出身的HR，必须要加强HR领域内的专业知识；而专业出身的HR则需要增强商业领域的知识。

（2）加强培养变革管理的能力。

（3）要将HR胜任力转化为具体的管理效能。

2. 在组织架构中，为HRBP设置一个适合的模式

在组织架构的设置中，通常有下列两种常见的模式。

（1）以客户为导向的架构，即HR部门通常由HR客户经理与HR支援组两个部分组成。其中，HR客户经理通常会被派驻到业务部门处理相关事务。但支援组则通常留在总部，负责公司层面的薪酬福利、人员招聘、内部培训等基础的人力资源管理工作。这种架构能给予HR客户经理充分的自主权，并最终为业务部门提供定制的、系统的人力资源解决方案。

（2）讲求平衡的架构。受到组织架构的实际限制，HRBP不太容易成为真正的战略合作伙伴，因此，有些企业就将HR部门分成HRBP、HR共享中心、HR专家中心这三大模块。其中，HR专家中心负责变革管理、设计HR方案、研发HR管理工具、整理HR市场信息报告以及为HRBP提供智力支持。这样既能保证HRBP的服务质量，又有利于持续提升HR的管理水平。

作为世界500强企业，华为公司实行平衡架构模式。例如，其HR部门包括HR管理委员会、HR管理部和干部处这三个职能机构。其中，HR管理委员会扮演HR的专家角色，主要从公司成长与战略的角度来管理HR部门的相关决策；HR管理部扮演HR共享服务中心的角色，负责对HR管理模块进行细化，并支持HR部门的业务活动；干部处则相当于HRBP，主要负责细化与执行HR管理部的制度。

3. 鉴别与培养胜任力的方法

（1）鉴别HRBP的胜任力，不能只根据本部门的要求，还要与企业战略结合，并参考企业内部其他职能部门的评价，最终提炼出最适合企业发展需求的HRBP胜任力素质模型。当提炼出模型之后，人力资源部门应按照模型的要素标准，培养出相应的HR管理人才，这也是转型为HRBP的基础。

（2）强化自身的商业意识，以增强相关的业务知识。HRBP不能只是精通HR专业领域的内容，还必须要了解、熟悉公司的业务。这不但能够提高HR建议或意见的说服力，而且能够更容易得到业务部门的认可。

（3）培养和提升业务流程管理的能力。如果想培养HRBP的变革管理能力并增强相应的商业知识，就必须依赖于企业业务流程管理的有效实施。

总之，基于业务流程的标准化与规范化，企业就能避免流程复杂或无序等问题导致的失误，HRBP也就更有可能了解最准确的企业管理信息和企业内部的最佳实践，并协助业务部门优化相关的流程，最终提升企业的经济效益。

工业4.0下，人力资源管理如何进行转型

工业4.0是德国政府在《德国2020高技术战略》中提出的十大未来项目之一。提出该项目，旨在提升装备制造业的智能化水平，体现出德国对未来工业转型的整体思路。

而工业4.0的概念，是以智能制造为主导的第四次工业革命，主要包括下列主题。

（1）"智能工厂"。重点研究智能化的生产系统和过程，以实现网络化、分布式生产。

（2）"智能生产"。主要包括整个企业的生产物流管理、人机互动以及3D技术在工业生产过程中的应用。

（3）"智能物流"。通过互联网、物联网、物流网来整合物流资源，以充分发挥现有物流资源的效率，并快速获得物流服务匹配。

就好像20世纪90年代传统制造型企业借助网络和信息化实现转型发展一样，目前的工业4.0其实也是传统工业借助现代科技而实现的变革。不可否认，工业4.0是制造型企业未来的发展趋势。

那么，它会对人力资源管理产生哪些影响呢？

1. 机器的智能化，会降低低端制造业人员的比重

未来的情况是，机器将会进一步取代生产一线的普通员工。因此，那些仅仅充当机械臂作用的低端制造业人员的比重会进一步下降。而最终留下来的员工，则是那些懂得机器工作原理、维修和维护的中高级技工人才。

2. 网络与实物连接，将极大地促进管理的精细化

前面已经提到，物联网是工业4.0的一个重要特征。因此，在"万物互联"的思想下，生产物料、生产过程以及员工的工作过程和结果将变得容易监控，即管理具备了精细化的基础。

3. 柔性化制造，将冲击企业管理的稳定性

由于制造的信息化、物料的标签化以及产品的生产过程更容易跟踪，小批量、定制化等柔性制造将会更加普遍；因此，管理层级将会逐步减少，而扁平化管理将更加盛行。这就要求人力资源管理必须具备一定的灵活性和韧性。

4. 生产和信息的快速更新、迭代，将大大缩短员工知识的更新周期

产品生产种类的多样性和快速变动，导致生产方式和信息都会出现快速变化，这就要求员工一方面能快速学习新知识，而另一方面能具有广泛的知识面，以快速适应不断变化中的企业。

通过前面的分析，我们可以看到，工业4.0会为企业带来人员结构、精细化管理、组织结构、员工发展等方面的变化。

那么，人力资源管理中的相关模块，应该如何转型来应对这些变化呢？

1. 组织结构的扁平化

人力资源部门应将组织结构进一步扁平化，以增强组织结构的灵活性，进而适应柔性化制造所要求的快速变化。

2. 更加注重员工的培训

为适应企业生产方式的改变，员工必须要掌握更多的技能。这就要求人力资源部门一定要注重对员工高频度小强度的培训、工作轮换和工作岗

位扩大化,以促进员工实现自我提升。

3. 重视企业的核心员工

工业4.0会极大地促进人员结构的提升,使得单个员工的平均产值得到很大提高,从而为企业培训出更多的核心员工。因此,企业在培训、激励等方面将会对那些核心员工更加关注。

4. 人力资源管理的信息化

在企业信息化、网络化不断加强的背景下,人力资源管理的信息化不但要加强,而且要实现与企业信息化无缝融合,以保证信息的统一性,进而提升工作效率。

HR的"三驾马车"——HRCOE、HRSSC、HRBP,应该如何进行转型呢?

1. "三驾马车"的基本框架,将会被继续保留

这是因为,"三驾马车"符合"分权"与"集权"相结合的基本管理思想。而在目前企业普遍生产结果多样化的大背景下,人力资源对企业经营的管理,如果要深入到一线,就必然会导致分权。从资源共享的角度来看,这样就会将部门的职能集中起来,以最大限度地利用现有资源,也就是说,"三驾马车"的基本框架都将会保留。

2. HRSSC的职能会大大加强

目前,一些优秀企业服务中心处理的工作可以达到60%左右。但随着企业信息化和整个社会信息化的不断加速,企业服务中心对于常规事务的处理能力,将会得到大大加强。从60%提升至90%以上,将是未来的发展目标。

3. HRBP的兼职化并产生更多的业务单元

企业管理的扁平化,不但会带来更多的小规模业务组织,而且会使小型组织内的管理业务相应减少。因此,HRBP将会兼职化,并会相应产生更多的业务单元。

4. HRCOE将会面临更多挑战

HRCOE所面临的挑战，是集团统一化管理与分支机构个性化之间产生的必然冲突。因此，HRCOE需要用务实的态度以及平衡的艺术，才能做出最佳的处理方式。

综上所述，不断地适应和调整，既是企业人力资源管理的常态，又是社会发展的常态。

提升管理价值，必备5项基本技能与3项核心技能

人力资源管理者的工作，与其他部门的管理工作区别很大，除了自身的专业性外，最大的差别就在于HR的工作对象是人而不是物。因为HR的管理工作是与人相处，所以必须要具备最基本的5项技能，即识别、谋划、评价、处事和为人。如果能够熟练掌握并运用这5项基本技能，HR即可轻松驾驭HR的管理工作。

1. 识别

HR管理者的首要工作技能是会识别，但这里的"识别"并不单纯是识别"人"，而是识别更广的范围。例如，企业的内部、外部、上上下下、方方面面，无一不囊括在内。具体来说，识别包括企业的发展战略、组织结构、业务流程和岗位配置以及招聘管理中的识别人才。

2. 谋划

谋划是HR管理者不可缺失的一项重要工作技能。例如，谁去做事？团队需要由什么样的人员组成？需要配备哪些资源和条件？面对挫折如何激励？取得成绩之后如何奖励？这些都需要人力资源部门进行谋划。而谋划水平的高低，也就决定了HR管理水平的高低。

3. 评价

评价是HR管理者必须掌握的常态化工作技能。评价内容与识别内容应相对应，范围比较广泛，并且需要经常进行评价。如果评价做得不到位，就相当于"盲人摸象"，结果必然会犯以偏概全的错误，评价他人时无法做到客观、公正，不能让人心服口服。HR管理者应注意避免陷入"盲人摸象"的误区，提高自身评价他人的能力。

4. 处事

会处事是每一个人力资源管理者必备的个人修养，这将直接影响HR管理者在工作中的实际效果。同时，HR管理者在具体的管理工作中还要学会"让位"，而不能"越位"或"抢位"。这是因为，HR管理者处事越低调，就越容易被他人接受，开展工作时也就越顺利，进而形成一个良性循环。

5. 为人

为人，也就是做人。HR管理者每天都会与人打交道，这就给人以"光动嘴，不动手"或者"指手画脚"之感。这就要求HR必须学会"为人"，也就是说，要想要求别人严格遵守公司的各项管理制度，自己就必须先做到，否则就难以服众。

此外，HR部门在公司中属于间接的职能部门，所表现出的"服务内容"要大于"指挥内容"，即将服务工作做好。因此，HR管理者应做到以下两点。

（1）尊重全体员工。无论员工处于公司哪一层级别，HR管理者都必须给予尊重，既要尊重他们的劳动，又要尊重他们的人格。

（2）具备"舍己为人"的精神。人力资源管理者不能计较个人得失。这样员工才能认可你的为人，从而认可你要求他们去做的事。

在这5项基本技能中，前3项指的是如何做"事"，后2项说的是如何做"人"，合起来之后就是"人事"。虽然说HR管理工作离不开这5项技能，但这5项技能并不是一朝一夕就能学会的，我们需要经历漫长的磨砺之后，才能最终运用自如。

HR管理者除了掌握这5项基本技能之外，还应具备3项核心技能，即绩效管理技能、适时授权技能和有效沟通技能。

1. 绩效管理技能

绩效管理，指HR管理者根据公司的实际情况来为员工设定一个清晰的绩效目标，并明确达成该目标之后的奖励措施，时刻关注员工的绩效表现并适当地给予反馈。

绩效管理是人力资源管理中的核心内容，因为企业和个人的绩效水平将直接影响企业的整体运作效率和价值创造，所以，构建和完善绩效管理系统是人力资源管理部门的一项战略性任务。

2. 适时授权技能

在《富爸爸穷爸爸》一书中，有这样一句话，"让比你更聪明的人替你赚钱"。这充分体现了授权与放权的重要性。

管理者不可能所有的工作都事必躬亲，因此必须懂得授权。但应注意，管理者要学会将工作分为必须授权、应该授权、可以授权、不应授权这四种类别。

此外，在授权时，管理者还要遵循权责对等、授权不授责、循序渐进和建立约定等原则。这样才能保证下属员工能够合理地分担自己的工作。

3. 有效沟通技能

在管理中，有一个著名的双50%定律，即50%的时间都用在了沟通上，比如开会、谈判、指示、评估，等等；与此同时，在工作中也有50%的障碍是在沟通中产生的。因此，如果HR管理者缺乏有效沟通这项核心技能，就很难顺畅地开展自己的工作。

举例来说，在管理的实际操作中，计划、组织、指挥、决策、协调、激励、控制等，都要求HR管理人员具备良好的语言及非语言的沟通技能。

有效的沟通由沟通、倾听和反馈三部分组成。但不同的对象、环境、时间，需要不同的表达方式。

总之，沟通的最终目的是追求并取得双赢的结果。

经典案例：宝洁公司人力资源部的使命与定位

世界500强企业——美国宝洁公司始创于1837年，目前已有180年的发展历史，是世界上最大的日用消费品公司。宝洁公司的总部位于美国的俄亥俄州辛辛那提，共有10多万全球雇员，在全球80多个国家和地区设有工厂及分公司，产品行销160多个国家，堪称全球日化行业的龙头。

那么，究竟有哪些因素构成了这棵日化行业的"常青树"呢？如果一家公司的历史很短，我们就可以从其研发技术、成本控制、渠道管理等多方面、多角度进行分析。

但对"常青"了将近两个世纪的宝洁公司来说，我们只凭借前面的这些分析显然无法全面、彻底地弄清宝洁公司长盛不衰的原因。因为180年的时间足以让其工厂设备老旧不堪甚至荡然无存，而只有人的精神能够世代相传、生生不息。基于此，深度探求宝洁公司在人力资源管理方面的特色，或许就能揭开其中的奥秘。

宝洁公司前董事长理查德·杜普利曾有一句名言："如果将我们的资金、厂房及品牌留下，但把我们的员工全部带走，我们的公司就会垮掉；相反，如果只拿走我们的资金、厂房及品牌，而留下我们的员工，那么在10年之内我们将重建一切。"

由此可见，宝洁公司非常重视"人"。公司的企业文化就包含必须要尊重每一位员工、公司与个人的利益休戚相关以及公司珍视员工个人的专长等内容。

为此，宝洁公司甚至将"人才培养"作为明确"企业责任"的一部分，其中包括内部培训、内部提升机制与人才支持制度等相关配套措施，另外还有更具特色的在职培训的直线经理制、导师制、跨国轮岗或跨部门轮岗制以及员工的"工作方式选择权"，等等。

其中，宝洁公司的HR部门扮演了极其重要的角色。早在21世纪初，宝洁公司就基于全球著名的人力资源管理大师尤里奇的四角色模型和注重成果的理念，对其HR部门的使命、角色和职责进行了系统梳理。十几年来，尽管宝洁公司人力资源部在延续原模型的基础上发生了一些变化，但其主结构一直延续了下来。

下面，我来阐述一下宝洁公司人力资源部门的使命和定位。

1. 使命

该使命具体包括以下几点。

（1）创造最好的环境来吸引、保留和发展最优秀的人才。

（2）为业务需要开发个人和组织的潜能。

（3）为员工提供日常的服务。

（4）创造以价值为基础的文化环境，以促使公司不断改革，满足生意的需要。

2. 定位

宝洁公司的人力资源部门为了履行其使命，具体扮演四大角色：业务战略伙伴、变革代理人、员工利益的捍卫者、行政管理的专家。

要想扮演好这四大角色，人力资源部门的能力应符合以下要求：熟悉、了解企业的业务；具有领导力和影响力；具有积极理解和适应变化的能力；具有亲和力和同理心；个人信誉度高要；必须是公司文化的行为楷模；具备经营品牌的能力；拥有继续学习的能力。

下面分别阐述一下四大角色的具体要求。

（1）业务战略伙伴。

角色：管理战略性的人力资源。

任务：执行具体的战略、策略。

形象：企业的战略伙伴。

活动：人力资源部门与业务策略保持一致。

要想成为企业业务的战略伙伴，人力资源部门应当做到以下几点。

①对业务与组织需求具有全盘性和整体性的深度理解，并与公司业务决策者们共同制定和部署业务战略。

②通过有深远影响力的"组织设计"，来引领业务的成长。

③帮助公司部署和执行策略。

④改进公司架构和系统，提高组织能力以达到生意目标。

⑤强力领导公司人才的发展战略。

（2）变革代理人。

角色：管理变革。

任务：创建全新的组织。

形象：变革代理人。

活动：组织的有效性。

人力资源部门会帮助公司管理者（指直线经理）做好组织的准备工作，以应对面临的变化，具体包括以下几点。

①不断优化高效组织。

②管理变革和过渡期。

③创造能引领和适应变化的组织能力。

④为高层管理者提供执行力的辅导。

⑤用最前沿的创新，来引领HR管理工作。

（3）员工利益的捍卫者。

角色：管理员工贡献。

任务：提升员工的敬业度和职业能力，进而提升员工对公司的贡献。

形象：员工后盾。

活动：倾听员工的意见或建议，并为员工提供人力资源帮助。

为此，人力资源部门应与公司管理者（指直线经理）一起增加员工对公司的认同感、归属感与敬业度，具体包括以下几点。

①建立能够增强公司与员工沟通的体系。

②定期举行员工的意见调查会议。

③为员工提供各种工具系统来提高其工作表现。

④建立各种激励员工的机制。

⑤不断优化高效组织机构，包括员工能力建设、人才梯队建设、职业生涯发展等相关制度，以提高员工的留存率。

⑥塑造健康且积极主动的企业文化。

（4）行政管理的专家。

角色：建立一个稳定并高效的组织运作架构。

任务：不断设计和提高人力资源工作流程的效率，以确保提供客户至上的员工服务。

形象：行政专家。

活动：企业再造。

行政管理专家是我们最熟悉和最传统的角色，负责制定各种系统和流程来吸引、保留和发展人才和组织，具体包括以下几点。

①招聘、用工以及人员的调配。

②培训和发展员工的素质和能力。

③薪酬、福利的发放。

④与员工保持密切沟通。

⑤人员资料管理系统。

⑥员工的调动服务。

⑦职业卫生。

⑧安全与保卫。

总之,通过强有力的人力资源管理措施,宝洁公司HR部门为宝洁公司吸收和培养了大量优秀人才,再加上良好的培训及开明的工作环境,使得宝洁公司能够在日化品领域中永葆青春。

第二章
通观全局，制定人力资源的战略规划

人力资源的战略规划是企业总体战略下的一种规划，是在对企业所处的内外部环境和条件，以及各种相关因素进行全面系统分析的基础上，从企业全局利益和发展目标出发，就企业人力资源开发与管理所做出的总体策划。因此，将人力资源管理提升到企业战略管理的高度上，就能够实现管理职能与角色的根本性转变，最终确立以企业的可持续发展为目标，以提高核心竞争力为主导的具有指向性、系统性和可行性的现代人力资源管理体系。

"望闻问切",人力资源的初步"诊断"

如果企业人力资源管理体系在建设的过程中出现一些问题,就需要HR管理者通过"诊断"来找出问题,并对其进行分析研究,最终提出具体的解决思路。

这个"诊断"的过程,就好像医生为患者看病一样,即通过"望闻问切"等诊断方式,来搞清楚患者的发病背景和原因,以及患者的症结所在,并最终为其开出一剂解决病症的良方。

对企业人力资源管理体系的"诊断"主要包括人力资源管理的机制和系统。在这个过程中,HR管理者应根据企业现有人力资源管理体系中的实际状况,来判断体系是否合理,是否能够适应组织未来的发展需要,是否能够有效激励和督促员工,使其能力得到最大限度的发挥,进而为企业创造更多的价值。

具体来说,"诊断"企业人力资源管理体系应从以下角度进行。

(1)组织结构。部门设置与人员结构,是否同企业的核心业务流程相适应。

(2)岗位体系。岗位的职责是否明确,岗位的设置是否能够满足企业的实际需要,并有利于员工自身的发展。

（3）能力管理体系。企业需要具备什么能力结构的人才，能力的甄别体系是否完善。

（4）绩效管理体系。企业是否具备一套科学、有效的绩效评估体系。

（5）薪酬管理体系。企业的薪酬制度是否公平合理，能否起到激励作用。

（6）招聘选拔体系。企业的招聘渠道是否单一，招聘甄选手段是否有效。

（7）培训管理体系。培训课程体系是否规范，培训评估系统是否健全。

（8）员工职业发展体系。员工职业发展通道是否健全，人才梯队是否完备。

通过对企业人力资源管理体系的"诊断"，人力资源管理者不但能够洞悉企业人力资源管理的现状，即"实有情况"，还能根据企业的战略目标和发展计划，规划出适合企业自身特点的人力资源体系的发展蓝图，即"应有情况"。实际上，发现"实有情况"与"应有情况"之间的差距，进而找出"实有情况"的不足，即可提出相应的改善和提高对策。

企业人力资源管理体系"诊断"的常见方法有集中访谈法、问卷调查法和混合法等。下面，我就详细地介绍一下这些方法。

1. 集中访谈法

根据访谈对象的层级与数量的不同，集中访谈法可以分成一对一访谈法和集体座谈法。其中，在一对一访谈法中，访谈者可以采取有针对性的策略深入了解所需信息；在集体座谈法中，可以通过充分调动座谈对象来参与讨论，这样就能够从不同的角度获取某方面的信息。

一般情况下，集中访谈法可以分成下列三个阶段。

（1）准备阶段。在准备阶段，访谈者需要确定访谈目标、对象和时间，并针对不同访谈对象拟好访谈的计划或提纲。访谈提纲是访谈工作的主要依据，设计得是否准确、合理，直接关系到访谈的效果和质量。另外，访谈提纲应详细列出问题列表，前面问题应当简洁、直白，而不能模棱两可，以便于访谈对象能够准确理解。而且访谈问题应包括多个方面或角度，以便能够得到更广泛的信息。

（2）访谈阶段。在访谈阶段，访谈者可以采取一人提问，另一人记录的方式。在访谈过程中，访谈者应努力营造一个轻松的访谈氛围。同时，访谈者还应当对所提问题做出一些解释，以便对方能够准确理解问题的含义，这样就能够获取更详细、更深入的信息。

（3）总结分析阶段。在总结分析阶段，访谈者要趁热打铁，及时整理、归纳和提炼访谈得到的一些关键信息。

2. 问卷调查法

根据问题结构化程度的不同，问卷调查法的问题可以分成结构化问题和非结构化问题。结构化问题的发挥余地比较小，通常只需选择某个设好的选项回答即可，而且答案大多都在问题设定者能够预料的范围之内。非结构化问题属于开放性问题，给答题人提供了一个自由发挥的空间。因此，非结构化问题的答案千差万别，有些答案在问题设定者的预料中，有些答案则没有。通常，调查问卷的问题以结构化问题为主，但也包括少量非结构化问题。

3. 混合法

在人力资源管理体系"诊断"的实际过程中，根据"诊断"内容、"诊断"目的和"诊断"对象的不同，我们需要采用多种"诊断"和分析方法。例如，对企业的高层管理者需要采用访谈法，而对那些基层员工可以采取问卷调查法。

4. 鱼骨分析法

鱼骨分析法，又被称为因果分析法，是一种发现问题"根本原因"的分析方法，最早由日本著名管理大师石川馨先生提出。鱼骨分析法是人力资源管理人员进行因果分析时经常采用的一种方法，其特点是简捷实用、比较直观。借助鱼骨分析法，人力资源管理人员能很方便地看出人力资源管理现状。

由于问题的特性总会受到某些因素的影响，因此，如果我们通过"头脑风暴法"（Brain Storming，BS：一种通过集思广益、发挥团体智慧，从各种不同角度找出问题所有原因或构成要素的会议方法。BS有四大原则：严禁批评、自由奔放、多多益善、搭便车）找出这些因素，并将其与具体的特性值联系在一起，然后整理它们之间的相互关联性，就可形成层次分明、条理清晰的关联，并标出重要因素的图形。因其形状好似鱼骨，故被称为鱼骨图。它是一种能够透过现象看到本质的分析方法。

鱼骨图通常包括下列三种类型。

（1）整理问题型鱼骨图。问题各个要素之间，与特性值之间不存在因果关系，只存在结构构成的关系。

（2）原因型鱼骨图。在这种类型的鱼骨图中，鱼头在右，特性值通常以"为什么……"描述，以阐述具体原因。

（3）对策型鱼骨图。在这种类型的鱼骨图中，鱼头在左，特性值通常以"如何提高，或者如何改善……"来描述，以给出各种对策来供人们选择。

鱼骨分析法的使用步骤，如下所示。

（1）首先找出需要解决的问题。

（2）将问题写在鱼骨头上。

（3）召集大家共同讨论导致问题出现的所有可能因素。

（4）把相同的问题进行分组，然后在鱼骨上标出。

（5）根据不同问题征求大家的意见，然后总结出正确的原因。

（6）当出现任何一个问题时，研究产生这样的问题的具体原因。

（7）针对问题的答案，再次讨论原因，这样至少深入五个层次（即连续问五个问题）。

（8）当深入到第五个层次后，如果认为不能再继续进行，则列出这些问题的原因，然后列出至少20个解决方法。

总之，人力资源"诊断"就是为了让我们能够更清晰、更全面、更准确地认识到企业的人力资源的现状，从而找出存在的关键问题、制约因素和突破口，最终在人力资源管理中对症下药。

理清思路，人力资源的准确分析

L公司是一家民营企业，由国有企业改制而来，现已成为国内蓄电池行业中的重要一员，目前的年销售额在8亿元左右。

企业当前正面临着扩大经营规模、经营业务多元化以及下属企业异地化的巨大变革，同时，也在积极地筹划上市前的准备工作。但管理者非常清楚，企业目前出现了很多问题。

于是，人力资源部门经过多种方式和多个渠道收集了大量与企业有关的信息，并通过各种手段，从人力资源管理的角度分析出了L公司存在的具体问题。

下面是对企业员工状况的分析结果。

（1）企业的中低层员工稳定性比较差，导致很多部门常常出现人手不足的现象，于是，人力资源部门不得不经常进行突击招聘。

（2）企业的核心人才或关键人才储备不足，导致很多重要岗位的任职者从事新岗位工作时没有可以替代的人员。

（3）中高层管理人员的能力与标准要求差距较大，导致其管理技能不足，但如果从外部引进，则又担心会出现与自身的企业文化难以融合的现象。

（4）对很多关键员工——尤其是技术工种员工——的职业发展缺少规划，导致其中的很多人才——特别是年轻的骨干员工——离职。

（5）虽然员工的基本工资比市场行情稍高一些，但员工对薪酬普遍感到不满意，总认为自己应该收入更高一些。

（6）由于企业的年龄结构不合理，即老人多，因此，年轻人既得不到晋升，又得不到重用。

上面所述是对企业员工状况的分析，下面对企业存在的现状进行分析，同时也是对公司的战略和发展进行分析，具体如下所示。

（1）公司在异地新建几个基地，即将投入生产，目前急需大量招工。

（2）老板虽然对集团总部非常重视，但缺乏集团管理的概念。

（3）为了迎接即将到来的上市，集团必须对企业的规范化、标准化采取更严格的要求。

最后是对人力资源部门的现状进行分析。

（1）在人力资源组织体系健全方面，集团总部人员缺乏整体管控和全局战略的概念。

（2）集团下属分公司人力资源部门的能力水平不足，对业务不够熟悉。

（3）企业的制度流程老化，并且各地分公司的制度没有统一。

（4）企业缺乏员工培训管理，对绩效管理总是流于形式，而且公司的人才梯队未能有效建立。

我们在做人力资源分析时，分析得越全面，对我们的后续工作部署就越有利。很多企业人力资源规划出现空洞无物的状况，其主要原因就是没有做好对企业现状的盘点和有效分析。

通过前面对企业的"员工状况""公司状况"及"人力资源部状况"的分析，L公司存在的"病症"就被基本查出，接下来就要做进一步分析，即人力资源管理工作的实施分析。下面针对公司存在的三个方面的问题，我们结合人力资源管理的技术手段来予以解决。

1. 针对员工状况分析应采取的措施

针对员工数量方面的问题，可以采取以下措施。

（1）加大对校园大学生的招聘力度，并对其加强培养，以补充公司管理层和技术层的年轻血液。

（2）在集团总部，应大力招聘专业度高且管控能力强的综合型人才和经营型人才。

（3）对集团分公司一些临时雇用员工实行劳动力外包，对外进行人事派遣。

针对员工质量方面的问题，可以采取以下措施。

（1）增加员工的学历工资和技术职称工资。

（2）人力资源部门在招聘员工时，应对应聘者进行岗位需求的匹配分析，以提高其岗位胜任度。

（3）开展员工的定岗、定编和劳动效率定额。

针对其他各项存在的突出问题，可以采取以下措施。

（1）增加员工的绩效工资，也就是实行宽带工资。在提高员工工资水平的同时，要求提高其工作要求和贡献度，即把绩效与员工的收入挂钩。

（2）制作岗位说明书，并分析岗位胜任素质模型及岗位人才需求分析。

（3）建立企业的人才梯队，并划分层级、逐级储备，加大培养力度。

（4）实施企业的内部招聘，以打开员工的晋升平台，使得"能者上、庸者下"。

2. 针对公司状况分析应采取的措施

（1）做好企业人力资源的预测工作，着重储备各个方面的人才。

（2）对集团的制度、流程和总体架构进行讨论、沟通，以确定符合当前集团的整体架构和工作流程。

（3）规范集团的企业文化，并面向员工大力推行。

（4）从用工合同、劳动保险、劳动保障等方面加强人力资源管理，以确保企业人力资源的合法性，并满足企业上市的需要。

3. 针对人力资源部门状况分析应采取的措施

（1）扩大招聘员工岗位的数量，并将招工模块从招聘中独立出来，以提高招工的效率。

（2）在集团总部大力招聘一些有集团管理经验的员工，应包括制定、总控方面的员工，而不是参与执行工作多的员工。

（3）加大对集团分公司人力资源部门员工的专业培训，并使其下基层锻炼、学习。

综上所述，人力资源的工作分析是人力资源规划的重要组成部分，也是人力资源开发与管理的基础性工作，是对企业各项制度、规范、要求、流程进行详细描述的过程。

在分析过程中，我们应抓住企业所存在问题中的主要矛盾，在此基础上，制订相关的职务编制、人员配置、教育培训、薪资分配、职业发展、人力资源投资等方面的全局性的计划，从而使公司能够在持续发展的过程中不断获得竞争力，并为公司的整体发展战略提供人力资源方面的保障与服务。

算准时机,人力资源的合理规划

企业都会经历几个不同的发展阶段,而且每个发展阶段都有不同的特点和要求。通常情况下,公司的发展可以从管理学的角度分为初创期、成长期、成熟期和衰退期这四个阶段。因此,HR管理者必须要算准时机,对企业的人力资源现状进行合理的规划。

下面,我们来了解一下企业在不同发展阶段的工作重点。

1. 初创期的人力资源规划

企业在成立的初期,一般具备这样的特点:公司规模小、员工人数少、组织机构简单、流程比较单一、规章制度缺乏、工作氛围轻松和知名度低。其中,知名度低会导致招聘员工比较难,甚至需要一个员工身兼多职,进而导致职责不清。但此时,企业创始人的精神支柱作用对员工的工作影响很大。

此时,企业面临的发展路径有两条:一是先做大,然后做强;二是先做强,然后做大。但选择发展道路不但取决于企业所属行业的发展特性,而且取决于企业创始人的个人喜好与思路。

人力资源管理者必须要配合企业做出相应的规划,具体来说,包括以下几点。

（1）做好企业组织架构以及与其相对应的人力资源规划。

（2）岗位说明书必须明确具体的职责和各项要求，理顺相关的流程。

（3）全方位开展招聘人才的工作。

（4）建立各种培训制度，做好培训员工的准备工作。

企业在初创期时，薪酬、绩效、梯队等很多工作还不具备制定的条件。因此，这个阶段的人力资源的主要工作是处理企业大大小小的各种事务。

2. 成长期的人力资源规划

企业进入成长期后，开始小有名气，并通过原始积累获取了一定的资金和市场规模，因此，企业发展比较迅速。但此时，企业的各项管理还比较欠缺，尽管员工多了、产品多了、事情多了，但是可能因为多而导致非常混乱，管理更加复杂。甚至老板的个人魅力已经不能解决所有的问题了。

因此，对处于成长期的企业来说，HR管理者应该对人力资源做出以下规划。

（1）健全企业各项制度，理顺各项流程。处于成长期的人力资源管理必须用各种规章制定，也就是用规则来代替初创期时老板个人魅力管理。这是因为，随着规模的扩大和管理幅度的增加，单凭老板个人已经无法进行有效的管理了。

（2）扩大招聘规模，并建立一个有效的人才培养体系。处于成长期的企业，急需大量人才，因此人力资源部门应该未雨绸缪，及时建立培养、储备人才的机制，为企业提供因扩大规模而带来的人才要求。此时，人力资源部门既要引进一些高端人才，又要从企业内部培养人才，还要处理好企业的内部人才与外部人才之间的平衡，即薪酬体系。

（3）规范公司的人事制度。此时，企业应对人事工作进行规范，例如，员工管理需要逐渐走向正轨，这样才能保证企业快速、健康地发展。

在成长期，人力资源管理工作应立足于构建薪酬、绩效、梯队等各种体系。

3. 成熟期的人力资源规划

处于成熟期的企业通常已经具备了很好的领导机制和管理流程。但与此同时，企业开始出现臃肿慵懒、腐败低效、机构庞大、沟通不畅、行动缓慢、执行不力等缺点，而且对企业管理和未来的发展目标都会偏保守一些。

因此，对处于成熟期的企业来说，HR管理者应该对人力资源做出以下规划。

（1）完善企业各项模块体系。由于企业的各项工作内容繁多，因此不能只凭员工个人来维系工作的推动，而是要建立适合企业自身特点的各种模块体系，来让各项工作自动开展。

（2）建立各项激励机制，推动绩效管理。在成熟期，企业的老员工往往不思进取，这就导致外部优秀员工无法加入企业。因此，人力资源部应当大力开展员工的绩效考核与管理。这是为了激活人才，从而为企业营造一个健康、可持续的发展环境。因为绩效管理能够充分挖掘员工的创造力和激情。

（3）梳理劳动关系。处于成熟期的企业应加强劳动关系的处理，这样就能够确保企业在出现人员老化、思想懈怠时，为企业减少一些不必要的损失。

在成熟期，人力资源管理应立足于充分激活企业内部的人才。

4. 衰退期的人力资源规划

处于衰退期的企业，其特点是机构十分臃肿、官僚作风非常严重，部门之间的矛盾也比较大，进而导致企业的经营倒退。此时，企业面临着倒闭或消失的局面，但如果通过有效转型，企业就可以重新焕发生机。

因此，对处于衰退期的企业来说，HR管理者应该对人力资源做出以下规划。

（1）加大辞退员工的力度。

（2）从企业转型的新领域内招收优秀的人才。

在衰退期，人力资源管理的重心是鼓励员工的创新，并加大奖励创新的力度。

企业在这四个不同的发展阶段，都会存在很多突出的问题和人力资源管理方面的难题。这就需要人力资源管理者及时做出分析和判断，并解决企业面临的相关问题，以弥补企业在该阶段的欠缺。

总之，人力资源管理者应该针对企业发展的不同阶段，充分运用人力资源管理工具，进行全面、深入的分析，最终做好符合企业发展的人力资源规划。

适应发展,企业组织架构的设计

企业组织结构的设计,是通过对组织资源的整合与优化,来确立企业在某个阶段的最佳管控模式,实现组织资源价值以及组织绩效的最大化,即在人员有限的情况下,通过有效的组织结构设计,来进一步提高组织的执行力和战斗力。

因此,人力资源管理者对构成企业组织的各个要素,应当进行一定的排列、组合,以明确管理层次,分清各部门、各岗位之间的职责和相互协作关系,并使其在企业的战略目标实现的过程中,获得最佳的工作业绩。

当前,随着时代和市场的不断变化,企业的组织结构设计,实质上是一个组织变革的过程,也就是将企业的任务、流程、权利和责任重新进行有效组合与协调的过程,其最终目的是大幅提高企业的运行效率和经济效益。

下面,我们先来了解一下组织结构设计的主要内容。

1. 职能设计

职能设计是指对企业的经营职能与管理职能进行设计。企业作为一个经营单位,要根据其战略任务来设计经营、管理职能。如果企业中某些职能不合理,企业就需要对其进行调整,比如弱化或取消。

2. 框架设计

框架设计是企业组织设计的主要部分，运用非常多。其主要内容，简单来说，就是纵向的分层次和横向的分部门。

3. 协调设计

协调设计是对协调方式进行设计。协调方式的设计就是研究分工的各个层次，以及各个部门之间如何进行合理的协调、联系和配合，以保证实现配合的高效率，从而发挥管理系统的整体效应。

4. 规范设计

规范设计是对管理规范进行设计。管理规范就是企业的规章制度，它是管理的规范和准则。而结构本身的设计最后必须落实或体现为规章制度。管理规范保证企业各个层次、部门和岗位能够按照统一的要求和标准进行配合及行动。

5. 人员设计

人员设计是管理人员的设计。企业结构本身设计和规范设计，都要以管理者为依托，并由管理者来执行。因此，按照组织设计的要求，企业必须进行人员设计，并配备相应数量和质量的人员。

6. 激励设计

激励设计就是设计具体的激励制度，其中包括正激励和负激励。正激励包括工资、福利等，负激励包括各种约束机制，即奖惩制度。激励制度既有利于调动企业员工的工作积极性，又有利于防止一些不正当和不规范的行为。

很多西方管理学家曾提出一些组织设计基本原则，现归纳如下。

1. 拔高原则

对企业组织结构进行重新设计时，首先要遵循的是拔高原则，也就是整体设计应紧扣企业未来的发展战略，充分考虑企业未来所要涉及的行业、规模、技术以及人力资源配置等，进而为企业提供一个几年内相对稳定而且实用的平台。

2. 优化原则

任何组织都必须存在于一定的环境中，因此，组织的外部环境肯定会对组织内部的结构形式产生一定的影响。也就是说，企业组织结构的重新设计，必须要充分考虑改变内部环境，使得企业组织结构能够适应外部环境，进而谋求企业内外部资源的优化配置。

3. 均衡原则

企业组织结构的重新设计必须力求均衡，不能因为企业现阶段没有要求而合并部门和职能，在企业运行一段时间后又要重新进行设计。也就是说，职能必须具备，岗位可以合并。

4. 重点原则

随着企业的发展，由于环境发生变化，因此，组织中各项工作完成的难易程度，对组织目标实现的影响程度，以及企业的工作中心和职能部门的重要性也会随之发生变化。在进行企业组织结构设计时，企业应该突出现阶段的重点工作和重点部门。

5. 人本原则

在设计企业组织结构之前，企业要综合考虑现有的人力资源状况以及未来几年对人力资源素质、数量等方面的实际需求，也就是应"以人为本"进行设计。千万不要用什么所谓的先进框架，直接套用在企业身上，更不能"因人设岗"，或者"因岗找事"。

6. 适用原则

对企业组织结构的重新设计，还要适应企业的执行能力和一些良好的习惯，使得企业和企业员工在执行的时候容易接受。千万不能脱离企业的实际进行设计，否则会导致企业为适应新的组织结构而严重影响正常工作的开展。

7. 强制原则

重新设计的组织结构，一定会因为在企业内部认识上出现不统一、权利重新划分、人事调整、责任明确且加重、考核细致而严厉等现象，而导致管理层和员工的消极抵制甚至激烈反对。

在这种情况下，企业负责人与人力资源部门必须要有充分的心理准备，可以采取召开预备会、邀请员工参与设计、舆论引导等方法，来逐渐消除相关阻力。

但在最后实施的过程中，一方面对各项规章制度必须要强制执行，严厉惩罚出现的违规现象或行为，以确保整体运行的有序性；而另一方面，某些被证明不适合企业的设计，可在未来的运行过程中进行微调。

此外，根据著名的"二八原理"，80%的结果往往是由20%的原因造成的。因此，在进行组织结构设计时，出于权重因素的考虑，对于符合企业组织结构设计的重点因素应有所侧重，而不能眉毛胡子一把抓。

人力资源管理的7个子规划和4项原则

许多学者已对人力资源战略规划的内容进行了划分,对几项内容的划分大体一致,但对另几项内容的划分却存在着许多区别,如划分内容上的区别、表述上的差异等。

而认识人力资源战略规划的重点和兼顾内容,非常有利于认清各项内容的主次、结构和作用。在以上认识的基础上,结合目前主流的划分方式,人力资源战略规划的内容可以被划分成7个子规划,即人力资源战略规划、基于企业战略的绩效管理规划、领导力开发方案、基于战略的人才地图规划、基于战略的业务发展培训方案规划、基于战略的薪酬激励体系规划、基于增值的人力资源服务规划。

1. 人力资源战略规划

HR管理者要根据企业未来发展的整体战略目标,同时结合企业目前人力资源的现状,建立一个符合实际、切实可行并与企业人力资源发展需求相匹配的人力资源战略。这样才能为企业发展战略的落地提供相应的人力资源保障。

2. 基于企业战略的绩效管理规划

建立绩效管理体系的最终目标,是不断提升组织的绩效水平。因此,

HR管理者要学会通过绩效管理，来驱动企业未来战略目标的实现。而通过绩效管理系统的制定与实施，企业的战略目标得以在各级组织和员工中层层分解、传递，最终达成企业的整体目标。

3. 领导力开发方案

领导力是企业战略目标最终实现的重要保障之一，人力资源管理者可以通过技术手段来建立领导力模型，并以此提出相应的开发解决方案和继任者计划的草案。这样就为企业战略目标的实现提供了领导力保障。

4. 基于战略的人才地图规划

HR管理者应通过建立企业内部的人才信息系统，搭建起一个完整的、前瞻性的人才供应链体系，即描绘出一个基于战略的人才地图，以适合企业自身业务发展以及企业未来战略扩张。例如，配合企业的战略扩张与资本运作，从战略合作伙伴的角度提出具有前瞻性的人力资源计划，即可支撑企业未来战略目标的有效实现。

5. 基于战略的业务发展培训方案规划

人力资源管理者应该从企业战略的业务、要求以及当前人力资源盘点的基础出发，然后提出相应的培训解决方案，并针对人才供应链体系与企业的核心人才，提供符合其个性能力的培训、发展计划。

6. 基于战略的薪酬激励体系规划

薪酬激励体系不再只是简单地发工资和奖金，而是要基于企业的整体发展战略和员工的潜力发掘，建立一个富有弹性的薪酬激励体系，并且在企业整体人力成本不增加的前提下，提高员工对薪酬的满意度。

7. 基于增值的人力资源服务规划

人力资源管理者，必须要关注组织战略和流程的需求，通过部门之间的密切合作，然后基于企业的实际经营问题，为企业各相关部门提供人力资源的增值服务和系统的人力资源解决方案。

除了上述7个子规划之外，人力资源管理者还必须掌握以下4项原则。

1. 招聘面试的STAR原则

招聘面试是人力资源管理者的一项重要工作内容。人力资源管理者必须具备高超的招聘面试技巧，才能为企业找到合适的人才，进而提高企业的绩效。

STAR原则是在面试的过程中，涉及与面试者实质性内容的谈话程序。任何有效的面试都必须遵循这个程序。它具体包括以下几点。

（1）Situation（背景）。在面试之前，首先要了解应聘人员以前的工作背景，即背景调查。

（2）Task（任务）。着重了解面试者在实际的工作中，所从事的具体工作任务。

（3）Action（行动）。询问面试者完成每一项工作任务时都是怎么做的，采取了哪些具体的行动。

（4）Result（结果）。详细了解面试者所从事工作的最终结果是什么。

2. 职责管理的6W1H原则

很多企业在实际管理中，都存在着职责不清、权责不明的现象。因此，HR管理者必须对这个问题进行深入的探讨，并加以有效解决，让每一个员工都能明确自己的职责所在。这就需要遵循6W1H原则。它具体包括以下内容。

（1）Who，工作的责任人是谁？

（2）For whom，工作的服务和汇报对象是谁？

（3）Why，做该项工作的原因是什么？

（4）What，工作的具体内容是什么？

（5）Where，工作的地点在哪里？

（6）When，完成工作的时间要多久？

（7）How，完成工作所使用的方法和程序是什么？

只有逐一回答这些问题，员工才能清楚自己的工作，并愿意和敢于负责。

3. 目标管理的SMART原则

实施目标管理,不但能提高员工的工作效率,而且能将其作为绩效考核制定目标和考核标准,从而让考核更加科学、规范。

这就需要HR管理者学习并掌握SMART原则。它具体包括以下几点。

(1) Specific(具体)。指绩效考核必须要切中特定的工作指标,绝不能笼统、泛泛而谈。

(2) Measurable(可度量)。指绩效指标必须是数量化或行为化的指标。

(3) Attainable(可实现)。指绩效指标必须要付出一定的努力方可实现,避免设立过高或过低的目标。

(4) Realistic(现实性)。指绩效指标必须实实在在,可以证明和观察。

(5) Time bound(有时限),指注重完成绩效指标的特定期限。

无论是团队的工作目标,还是员工的绩效目标,都必须符合SMART原则,并且缺一不可。

4. 有效管理的PDCA原则

有效管理必须符合PDCA原则,具体包括以下几点。

(1) Plan。指设定计划。

(2) Do。指实施计划。

(3) Check。指检查计划。

(4) Adjustment。指调整计划。

每一项具体的工作,都离不开PDCA的循环,即设定计划、执行计划、检查计划、调整并改善计划这四个阶段。对HR管理者来说,这是一个有效控制管理过程和工作质量的工具;因为采用PDCA可以让管理向良性循环的方向发展,使得效率不断提高,并更有效地驾驭工作。

经典案例：思科公司基于企业价值观的人力资源规划

世界500强企业美国思科公司是全球领先的互联网解决方案供应商。在过去的20多年里，思科几乎成了"互联网、网络应用、生产力"的代名词，因为它在进入的每一个领域中，都成了该领域的领导者。

那么，思科是如何将其价值观贯彻落实到人力资源规划管理中的每个环节，并最终构建了优秀的企业文化呢？

我们先来了解一下思科企业文化中的价值观。

（1）认真倾听客户需求并使其满意。

（2）不搞技术崇拜，即避免只采取单一的技术方法。

（3）灵活性与信任。

（4）团队协作。

（5）开放沟通。

（6）包容性与多元化。

（7）创新与学习。

（8）市场转型。

（9）速度。

在思科公司以上价值观中，最核心的价值观是前两点，即认真倾听客户需求和不搞技术崇拜。这就解释了为什么思科公司能够开发出比其竞争对手更好的技术和产品来满足客户需求,以及能够成功地驾驭一轮又一轮的技术浪潮。

价值观本身并不能使企业形成核心竞争力,关键是价值观的有效执行。因此,思科公司非常重视将其价值观落实到人力资源管理中的每一个环节,并努力将企业价值观转化为员工价值观,进而形成公司的核心竞争力。

那么,思科公司是如何实行基于价值观的人力资源规划的呢?具体来说,有以下几点。

1. 人力资源的获取

思科公司在招聘员工时,会寻找那些与企业价值观相匹配的员工,这样即可把好人员的入口关,减少因后续员工培训和离职而造成的成本损失,从而提高员工的使用效率。具体的做法,包括以下两点。

(1)在录用员工之前,必须重视评估双方价值观是否匹配。

(2)实行多元化招聘。思科公司认为,员工队伍的多元化能够让他们接触到全新的理念,并且进行更好的决策及融入各种文化之中。这样就能为公司带来竞争优势,进而创造出最好、最具创新性的产品和服务。因此,思科建立的招聘网络范围非常广泛,为招聘不同背景、文化、技能和观点的员工提供了有力的保障。

2. 人力资源的培养

员工一旦加入思科,公司就会努力向他们灌输思科的价值观,并在人力资源培养和整合的过程中体现与强化思科的价值观,以确保新员工能够以思科的思维方式工作。

另外,思科公司还特别重视员工的不断学习和发展,并使其成为思科全球业务的加速器以及关键的差异化竞争优势。

为此,思科公司特别成立了一个学习与培养解决方案小组,以满足公司核心业务的学习需求,进而建立一个在全公司范围内合理分配与利用学习资源的方法。

3. 人力资源的使用

思科公司特别注重在工作氛围营造、工作设计、人员配置、绩效评审和员工奖励等人力资源的使用方面，实行与其价值观一致的制度与措施，这样就能进一步强化企业的价值观。具体方法，如下所示。

（1）为员工营造一个开放、透明和沟通的氛围。思科努力为公司员工营造开放、透明、沟通的企业文化，并鼓励管理者和员工沟通思科公司未来的使命、愿景和战略目标；同时，还在决策时积极听取员工的意见。目前，思科公司的主要沟通渠道有：在线员工调查、公司全球会议、虚拟化管理层会议、虚拟化领导层远程会议、卓越沟通中心、生日谈心，等等。

（2）思科努力营造灵活和信任的企业文化，这大大提升了员工的生产效率和工作生活的平衡度。因此，思科公司一直是IT行业员工自愿离职率最低的企业之一。

（3）积极调配人才，促进市场转型。思科公司启动了"人才连接"计划，该计划能够保证思科将公司最优秀的人才集中到最优先、最重要的业务领域。

（4）采用电子绩效管理，将员工的价值观融入绩效管理的流程中。思科电子绩效管理，不但能够收集员工在协作技能和工作表现方面的反馈，而且能全方位地掌握员工在日常工作中的协作技能和工作表现。

（5）实施与价值观一致的奖励系统。例如，思科为了能够将认真倾听客户需求的价值观落到实处，就把员工的奖金与客户的满意度挂钩，该项措施立竿见影，在实施的第一年，客户的满意度就得到了大幅的提升。

4. 人力资源的保留

思科公司不会轻易将员工解雇。这是因为，思科公司一旦决定让员工加入思科，就会努力对其进行社会化，以促使他们按照思科的方式工作。

但如果有些员工在进入思科公司一段时间以后，仍然不能认同或不能成功内化企业价值观，思科就会毫不留情地将他们淘汰掉。因为员工不能成功内化企业的价值观，一方面会影响员工自身的工作绩效，另一方面还会对其他认可企业价值观的员工产生一些不利的影响。

　　思科公司通过实施与其价值观保持一致的人力资源规划管理的政策、程序和实践，就能够向员工传递企业文化，并促使员工采取符合企业价值观要求的行为，从而打造出思科公司强大的核心竞争力。

第三章

相马还是赛马，世界500强企业的用人标准

世界500强企业实力雄厚，知名度高，管理体制完善，企业文化独特，是同行业中举足轻重的代表，因此吸引无数职场精英加入。世界500强企业能够取得很大的成功，是与它们的用人标准分不开的。那么，世界500强企业偏爱具备哪些素质的员工？或者偏爱具备什么能力的员工呢？本章将详细介绍世界500强企业的用人标准。如果我们以它们的标准来要求并提升自己，就会距离500强企业愈来愈近。

历久弥新,世界500强用人标准之敬业精神

敬业精神是指敬重和重视自己所从事的职业,工作态度认真负责、一丝不苟,将工作完全当成自己的事业,为此付出全身心的努力,并做到善始善终。

员工具有敬业精神,不只是为了给老板一个交代,更是为了体现一个职业人应具备的职业操守和职业道德。因为一个企业的员工,只有具备忠于职守的职业道德,才能做到为客户提供更优质的服务,并创造出更加优质的产品;同时,员工会随着企业的不断发展,取得其个人事业的不断成功。

更重要的是,当敬业意识深植于脑海中时,员工工作起来就会变得积极主动,而且能够从中体会到工作带来的快乐,进而在工作中收获更多的经验,取得更大的成就。

虽然要取得最终的成功需要经过长期、持续的努力,不会很快见效,但如果员工不具备敬业精神,就很难取得成功。比如,在工作中的偶然马虎、失职,可能不会对公司造成严重的影响,但如果员工总是如此,就会断送自己的前程。

美国著名作家、出版过世界畅销书《致加西亚的信》的阿尔伯特·哈伯德曾说:"一个人即使没有一流的能力,但只要你拥有敬业的精神,同样

会获得人们的尊重；反之，即使你的能力无人能及，但没有最基本的职业道德，你也一定会遭到社会的遗弃。"

世界500强企业可口可乐公司，要求自己的员工在工作中必须培养出一种"敬业精神"。可口可乐的管理者认为，虽然知识与技术总是不断地发生演变与革新，但员工在工作中养成的"敬业精神"却始终如一，而且历久弥新，永远都会有其存在的价值。可口可乐公司对"敬业精神"要求，甚至比对知识与技术的要求更严格，因为知识与技术能够不断地积累获得，甚至可以用金钱购买到，但"敬业精神"却并非能用金钱买到的。这也是"可口可乐是培养人才的公司，兼做碳酸饮料事业"的理念被提出的缘由。

美国的IBM公司在早期发展迅速，离不开公司服务人员在产品售后的服务中，拥有强烈的责任心与持之以恒的奋斗精神，即具有高度的敬业精神。

一天，位于菲尼克斯城的某位客户急需一些重建多功能数据库的计算机配件。IBM公司得知此事之后，立即派一位女职员前去送配件并指导操作。

不料，女职员途中遭遇一场罕见的暴雨，河水猛涨，迅猛的河水封闭了道路致使汽车根本无法行驶。按照常理，员工遇到这种特殊情况的时候，如果原路返回，是可以理解的，但这位女职员并没有被当前的困难吓倒。她依然不顾危险，勇往直前。道路不通，使得平时只有半小时的汽车路程，变成了4个小时的"长途跋涉"。最终，女职员费尽周折才抵达了客户所在地。随后，她又及时帮助客户解决了困难。

IBM正是因为公司员工的这种敬业精神，赢得了客户的广泛赞誉。没过多久，IBM的产品和客户就遍布了全世界。

这个故事告诉我们，敬业是员工的一种主动精神，不但要主动完成自己的工作，而且要以一种高度负责的精神来完成自己的工作。

实际上，任何公司都需要全心全意、尽职尽责的员工。员工无论从事什么职业，都应当在工作中尽职尽责，这样才会看到成绩，进而不断地取得进步。反之，如果员工在工作中缺少敬业精神，就会丧失前行的动力。

员工在做到尽职尽责的同时，还应当沉下心来，脚踏实地地工作，即"持之以恒"，这样才不会"功亏一篑"。例如，如果99℃的水停止加热，就永远不会变成真正的开水。在这种情况下，99%的努力就等于0。

有一些员工不具备持之以恒的工作精神，在工作中经常"三天打鱼，两天晒网"，没有能够认真地、尽心尽力地去完成工作，他们本来具有非常出色的能力，却最终让自己逐渐变得平庸。反之，有一些人在刚开始的工作中表现并不出色，但他们会尽职尽责并持之以恒地投入工作中去，并竭尽全力地将自己的工作做得完美，这样，他们就会逐渐变得出色，最终在事业上取得一定的成就。

此外，如果员工仅仅是为了薪水而工作，那么他的工作与生活迟早会陷入平庸之中，成就感也会在其日益平凡的工作中逐渐消失。

这是因为，职业所赋予的薪水只是员工报酬的一部分，甚至仅仅是很少的一部分。除了薪水，职业还能赋予员工宝贵经验、专业训练、体现才能的机会以及职业素质的培养。而这些能力的提升与薪水相比较，其内在的价值要高出很多倍。

世界500强企业东芝株式会社前社长士光敏夫，对招收员工有这样的要求：为了自己事业的员工请加入东芝；而为了高薪的员工请离开东芝。因为只有为了共同的事业聚集在一起的员工，才能将事业真正做大。即便是当企业面临暂时的困境时，他们也会与企业同舟共济，一同面临困境。而那些为了高薪而来的员工，往往只看重福利和待遇的多少，一旦公司出现困难，他们就会立刻拍拍屁股走人。

也就是说，对敬业的员工来说，薪水绝对不是获得满足感的原因，而是工作本身能够为其带来满足感和成就感。这样的员工对自己的企业非常忠诚，并且这种忠诚是主动的，绝对不会因为某些物质因素发生变化而丧失。

因此，世界500强企业非常喜欢招收那些兢兢业业、埋头苦干又具有强烈敬业精神和强烈责任心的员工。这些具有敬业精神的员工，是世界500强企业最倚重、最信赖的员工，也是最容易获得成功的员工。

拒绝"独行侠",世界500强用人标准之团队精神

员工的团队精神,指的是员工在企业组织中要有合作和协调配合的意识,并以企业的整体利益为最高利益,围绕着共同的目标奋斗。团队精神是世界500强企业成功的要诀之一,并且已经成为他们在招募员工时衡量其素质的重要指标。

这是因为,"独行侠"的时代早已一去不复返,一个公司的政策是否具有延续性与其团队精神密不可分。而一个新加入的员工如果能够与周围的同事友好协作,并愿意为此做出必要的奉献,以团队利益为重且忠于整个团队,他就能够成为深受欢迎的团队成员,其工作也将受到这个团队的协助,甚至能将自身独特的优势在工作中淋漓尽致地展现出来。否则,一个员工在工作中显得形只影单、离经叛道,他不仅很难在现代职场中立足,还会影响整个团队的团结协作。

因此,衡量一个员工在工作中表现的优劣,并不能只看其个人成绩,还要看其团队精神是否能得到发扬。

美国有一家全球500强的大公司准备招聘3名高层管理人员。经过初试、复试,9名十分优秀的应聘者从数千名应聘者中脱颖而出,进入了由公司

CEO亲自把关的最终考核。

CEO对这9个人的详细资料及初试、复试成绩都非常满意，一时难以取舍。但由于这次招聘只能录取3人，因此，CEO给他们出了最后一道题，以决定他们最终的命运。

首先，CEO将他们随机分成A、B、C三个组，每个组3人。然后指定A组调查本市的婴儿用品市场；B组调查本市的妇女用品市场；C组调查本市的老年人用品市场。而且，每个团队的任务必须要在两天内完成。

为此，CEO对9名应聘人员这样解释说："本次录取的高层管理人员，主要负责公司的市场开发，因此必须要对市场具有非常敏锐的观察力。而让你们调查这几个市场，是想检验大家对一个新行业的适应能力。因此，每个小组的成员必须全力以赴地完成工作！"

CEO在临走时又对他们补充说："为了避免大家盲目地展开市场调查，我已经让秘书为你们特意准备了一份相关的资料，每个人都可以自己去秘书那里取！"

很快，两天的期限到了。9个人都将自己所做的市场分析报告写好并送到了CEO的手里。CEO仔细查看了他们的报告，然后站起身来宣布：C组的3个人被公司录取了！

这9个人疑惑不解，都不清楚CEO的决定是如何做出的。CEO看出了大家的疑惑表情，然后笑着说："请大家现在立刻打开秘书给你们的资料，然后互相看一看。"

原来，每组中的每个人得到的资料都是不一样的。比如，A组中的3个人得到的分别是本市婴儿用品市场过去、现在和将来的分析资料，其他两组的资料也类似。

随后，CEO说："在你们9个人中，只有C组中的3个人互相借用了对方的资料，然后为自己的分析报告做了补充。可是A、B两组中的6个人却分别行事，你们抛开了自己的队友，只顾做自己的报告。而我出这个题目最主要的目的，就是想要检验大家的团队合作意识。A、B两组的成员没有团队合作，你们完全忽视了队友的存在！所以未能被录用。"

团队精神是一种大局意识，也是协作精神和服务精神的集中体现，其核心是所有员工为了团队协同合作，体现为个体利益与整体利益的统一，进而保证组织能够高效运转。如今，无论我们走到世界500强中的哪一个企业，都会听到人们在谈论团队。

而作为团队成员中的一员，个人的成功取决于能否与其他成员合作来共同实现既定目标。特别是团队成员之间，每一个成员都应具备自己独特的一面。这样的话，成员取长补短、互相合作，所产生的合力要远大于两个成员之间的力量总和，即"1+1＞2"。

世界500强微软公司，在开发Windows2000系统时，一共组织了超过3000名研发工程师及测试人员，历时数年，先后写出了5000多万行代码。这充分体现了微软员工具有高度统一的团队精神，而如果没有全部参与者的默契与相互分工合作，则这项浩大的工程是很难完成的。

此外，微软公司所营造的团队合作的企业文化，让数以百计的"亿万富翁员工"仍然会选择继续留在微软"卖命"工作，很多局外人觉得这有些不可思议。

因为微软公司的工作强度比很多同行公司要高很多。比如，微软工程师一周工作超过60小时是常事，甚至在其主要产品推出的几周之前，每周的工作时数还会过百。而且微软公司的津贴也并不比其他公司高很多，举例来说，就算是前董事长比尔·盖茨因公出差，也总是坐二等舱。

那么，微软公司有什么神奇的吸引力，竟然让这些"富翁员工"仍能如此卖命地工作呢？其实，答案就是完全超越了自我的团体意识。这种团体意识早就在微软公司的内部落地生根了。他们认为，自己不是属于自己的，而是从属于微软这个团体的。

为此，在谈到微软的团队意识时，比尔·盖茨说了这样一段耐人寻味的话："微软公司的这种共创卓越的团队意识，给员工营造了一种刻苦向上的创造氛围。在这种氛围中，员工的开拓性思维不断涌现，潜能也得到了充分、彻底地发挥。"

比如，员工在微软不但享有公司的全部资源，还拥有一个能让自己大显身手、发挥重要作用的小而精的团体或者部门。同时，在微软公司的每一位员工都能自由地发挥自己的主见，并让自己的主见变成现实。

从海尔到华为，从星巴克到微软，这些世界500强企业的员工都具有共创卓越的团队意识，而且这种团队精神也是企业能否永续光辉的根本因素。因为他们都明白，在一个企业中，只有团队取得成功，个人才能获得成功。同时，在团队其他成员的帮助下，员工能最大限度地发挥自己的才能，并借助他人的力量来让自己变得更加优秀，成为举足轻重的团队成员。

沟通无边界，世界500强用人标准之沟通技能

美国著名的克莱恩咨询公司曾经进行了一项调查，即调查世界500强企业家的成功原因。在参与调查的300名企业家中，有85%的人认为，他之所以成功是因为沟通能力超强，也就是善于与人沟通。因为这样，他就能够将自己的一些理念和想法，非常清楚地传递给对方，而对方也很愿意来帮助他。只有剩下15%的企业家将自己的成功归功于其丰富的专业知识以及运作技巧。

这个数据听起来似乎有些不可思议，沟通能力真的有这么重要吗？难道比工作能力还要重要吗？

实际上，拥有良好的沟通能力可以让我们在工作中迅速打开局面，进而获得一个比较宽松的发展空间。而如果不善于沟通，在工作中就会举步维艰，甚至会有比较强的挫败感。因为即便是再好的想法，再创新的建议，或者是再完善的计划，离开了与别人的良好沟通，也会变成无法实现的空中楼阁。

而在企业管理当中，沟通是一种既富有科学性又含有艺术性的技巧。同时，聆听也是沟通过程中的重要环节。因为只有用心去聆听，才能体会出对方的真正用意，然后再做出一些引导式、建议性、善意性的沟通。这

样就能够取得一个有良好互动的沟通效果。

下面两段对话，是考察应聘者沟通能力的案例。

HR：您认为如何做才能与他人有效沟通？

应聘者：我认为，有效的沟通应当具备下列三点。

1. 有理有据且态度平和

在与其他人进行有效沟通之前，首先要收集一些合理的事实与数据来支持自己的观点。同时，要想与别人合理、准确地沟通，在态度方面必须要平和，千万不能给人一种咄咄逼人的感觉。

2. 要因人而异

每一个人的性格、脾气、秉性都不同，所以应当根据每个人的特点采取不同的沟通手段。只有一种沟通方式是肯定不够的。

3. 必须要学会换位思考

如果总是站在自己的立场上去看待一个问题，就会只考虑自身利益，从而忽视了对方的感受。因此，我们需要学会换位思考，即站在对方的立场上去看问题，这样才能达到双赢的效果。

这个应聘者回答得非常好，思路既清晰又有逻辑性，从三个方面来阐述沟通能力，不但抓住了沟通能力的本质，还说出了沟通的内涵。

HR：假定您现在是公司的客服，刚刚接到了一名客户的投诉电话，客户说在半个月之前购买的公司产品，突然不能正常工作了，要求公司立刻给予更换。但根据公司制度的规定，产品只能在购买后的10日之内才可以调换。此时，您应当如何与客户沟通？

应聘者：首先，我会站在客户的角度上看待整件事情，对他的遭遇表示出真诚的关心、同情。这样，即可为之后的沟通建立一个融洽的氛围；接下来，我会告诉客户公司的相关规定，然后请对方也体谅一下我并使其明白，由于职权所限，我无权违反公司规定来为其更换。但为了更好地体现公司的服务，我可以免费为客户调换产品出现问题的零部件；最后，我会经常对这位客户进行服务跟踪，定期关心产品的使用情况，然后为对方提供及时的人性化服务。

　　这个题目要求应聘者进行一次角色扮演。而应聘者很好地完成了这个"角色"。因为他没有从一开始就撇清公司的责任，或者生硬地按照公司的规定来拒绝客户，而是先站在客户的立场上看待他的问题，这样就使得沟通的氛围变得比较融洽。因为只有营造一个良好的沟通氛围，才能保证沟通有效地进行。

　　同时，企业的规章制度也是每个员工必须要维护的。应聘者的回答，在维护公司原则的基础上又做了适当的变通，这样就实现了双赢，反映了该应聘者具有比较强的沟通意识及能力。

　　世界500强企业GE公司有13个相互独立的业务集团，在世界各地共有数十万员工，而各个公司也有着不同的职能部门。那么，如何保证公司内部高效沟通，就变得非常重要了。

　　因此，GE公司的用人标准非常看重员工的沟通能力，无论是从下到上、从上到下的纵向沟通，或者是平行的横向沟通。同时，沟通能力也是GE企业文化中非常重要的一部分。

　　为此，GE公司前CEO杰克·韦尔奇曾提出"无边界行为"，以打破庞大的GE13大业务集团的界限，使其像"小公司"一样灵活，这已经成为GE公司非常重要的管理价值观。GE公司的所有部门的所有员工都已经接受了这种工作方式，相互之间共同营造良好的沟通环境和氛围。

　　另外，"无边界行为"没有与GE之前有序的组织管理发生冲突，反而为其创造了一种自由、轻松、平等的沟通环境。具体来说，GE公司的沟通渠道有以下几点。

1. 传统与现代方式相结合

现代的互联网以及传统的电话、面对面和便笺式等交流方式，在GE公司是共存的。此外，圆桌会议、全体员工会议、优秀员工座谈等集体沟通方式，也非常普遍。

2. 把那些摆经理架子的人赶出GE

GE公司是奉行Open Door政策最坚决、最彻底的公司。而前CEO杰克·韦尔奇也十分"痛恨"并坚决杜绝那些总爱摆出一副"官僚主义"，明显带有"经理架子"的管理者。这使得GE公司实施的Open Door成为员工上下级之间沟通的有效渠道。

3. 推行"无边界行为"

在推行"无边界行为"的理念下，GE打破13大业务集团的界限，广泛地进行横向交流。比如，每一个业务集团或地区总部会经常把公司最近的发展情况及时地做出总结，然后在公司的内部网络上发布，让每一个员工都能够及时了解。

4. 定期举行员工大会

GE的员工大会，一般通过卫星直播和网上直播的方式进行，每隔1或2个月就会进行一次，并且会针对不同的问题，在不同的地区或在全球范围内进行。

5. 举办CEO民意调查

CEO民意调查通常是在不记名的情况下定期举办的，GE公司的所有员工都能够随时并毫无顾忌地提出自己的建议和意见。

6. 群策群力

"群策群力"其实是员工的一种座谈会，由GE聘请公司外部的专业人员，比如大学教授或相关专家来启发或引导几十名到100名的员工进行讨论，但在座谈会中并不邀请员工的上司参加。

善于奇思妙想，世界500强用人标准之创新能力

在世界500强企业当中，每个公司所从事的领域及特点不同，导致在招聘员工时的侧重点不同。但即便是这样，各公司在用人标准方面有一点却保持一致：都特别喜欢招聘那些有创意的员工。这也是人才理念与时俱进的深刻体现。

《财富》杂志对当今社会的"富豪"越来越年轻化的现象给出了这样的评论："目前发财致富的规则与从前相比是大不一样的，而我们再也不必花费更多的时间在公司崎岖不平的阶梯上一级一级地向上爬了。因为谁都知道，年轻人没有实际办事经验并不重要，重要的是具有创新的能力。"

索尼公司创始人盛田昭夫的观点也是一样的，他认为，员工的文凭就像是一张普通的电影票，只能保证为你在电影院留下一个位置，但要想留在企业得到更好的发展，还需要具备持续的创新能力。

1952年，日本东芝电气公司陷入了困境：公司积压了大量的电风扇，销售人员费尽心机，但销量依然很低，迟迟打不开销路。

有一天，公司市场部的一位小职员独自做了一次市场调研。他发现，当时

包括东芝公司在内的全世界电风扇厂家,生产的电风扇无一例外都是黑色的。

为此,他联想到了日本随处可见的五颜六色的和服,于是,萌生出生产其他颜色电风扇的想法。

第二天,他来到董事长石板的办公室,提出了改变电风扇颜色的建议。这一建议受到了石板董事长的重视。

公司经过研究讨论,迅速采纳了这位员工的建议。没过多久,东芝公司就推出了一批浅蓝、浅粉、浅紫等各种颜色的电风扇,颇受顾客欢迎。甚至,市场上还掀起了一阵抢购"彩色电风扇"的热潮,东芝公司生产的几十万台电风扇很快就销售一空。

其他厂家闻讯之后也随之跟风,从此在全世界,电风扇再也不是一副统一的黑色"面孔"了。

而那位勇于创新的普通职员,后来不断升职并成为东芝公司的高管。

这个案例说明,一名优秀的员工总能以积极的心态去寻找对企业大有帮助的创意,并善于抓住那些一闪而过的奇思妙想。同时,他也是在帮助自己寻找成功之路。

在如今的职场中,管理者对于员工的考核早就不仅局限于专业技能的优劣了,而员工具备创新意识及创新能力,也是职场成功的必备条件之一。但是,如果员工只是抱着坚守本职工作岗位的态度,则会认为创新与己无关,是老板的事,自己只需将分内的工作做好就行。这样久而久之,员工就会因循守旧,缺乏创新的意识和勇于创新的精神。

美国著名的咨询公司——盖洛普公司曾对世界500强的企业高层管理者,进行了一次有关创新方面的调查。结果有80%以上的高层认为,在过去的10年间,对创新应用得最好的是以互联网为代表的新兴行业,而不是传统行业。

在谈到具体原因时,90%的被调查者认为,这些新兴行业的创新能力深刻地改变了以往的游戏规则。只有10%左右的高层认为，新兴行业能够取得成功的原因，在于使用了更好的技术。

实际上，不仅仅是创新企业，任何企业如果只是墨守成规，都很难取得较快或更大的发展；而只有选择在变化中求生存，或者是以敏锐的创新眼光去发现市场的需求，才能让自己立于不败之地。

美国著名的家用电器大王修斯，最初只是一家报社的普通记者。因为一些小事，他与报社主编发生了矛盾，于是辞职不干了。

一天，赋闲在家的修斯来到新婚不久的朋友索斯特家吃饭。在餐桌上，修斯品尝到菜里有一股很浓的煤油味，甚至有点难以下咽。

不过，修斯碍于情面也不好说什么。他的朋友索斯特也吃出了菜中的怪味道，但也无可奈何。因为索斯特很清楚，妻子使用煤油炉做饭，极易将煤油溅到锅里，并且在那个时候，每个家庭用的都是这种炉子。

索斯特只好抱怨煤油炉："这该死的炉子，实在是讨厌，总出毛病，每次修它都会弄上一手油……"

随后，索斯特若有所思地说："如果能有一种既简便、卫生，又实用的炉子就好了。"

虽然索斯特这个"说者"是完全无意的，修斯这个"听者"却上心了。

修斯听了索斯特的话后触动很大，他产生了生产全新炉具的想法。

于是，修斯开始重新设计自己的人生目标，并全身心地投入研制、生产新型家用电器的工作中。经过不懈努力，修斯终于研制出一系列的新型家用电器，比如电饭锅、电水壶等。产品一经问世就迅速成了畅销货，而他也成了一名著名的实业家。

这个案例说明，创新不是那些"精英人物"的专利。在生活中，我们每一个人都有某种创新能力，只不过有时候这种能力被我们忽略了。在竞争异常激烈的职场中脱颖而出，在很大程度上取决于我们是否具备创新能力。

而如果感觉自己缺乏创新能力，更多的原因可能是惰性阻碍了我们的创新能力或者创新精神，使得我们根本没有思考自己应该如何创新，进而导致一切仍然按照过往的固定模式去做，结果做来做去总是很平庸，没有取得任何的改变和进步。

因此，应聘者要想在公司里立住脚跟，要想让自己的职业生涯不断发展，就要具备一定的创新能力，并将其不断地应用到我们的实际工作中，还要时刻坚信：创新，绝对不只是精英们的专利，我们同样也可以做到！

挑战不可能，世界500强用人标准之应对压力

随着全球竞争不断加剧，世界500强企业的管理者都认为，为了能够保持自己的领先地位，就必须要不断地超过自己的竞争对手。反之，如果企业因为在某些方面取得了成功而变得骄傲自满、不思进取，企业就会难以立足甚至濒临破产。曾经的世界500强企业安然、世界电信等公司破产就是很典型的案例。

因此，世界500强的员工，必须要具备较强的抗压能力，能够面对非常繁重以及压力很大的工作任务。否则，员工就会产生逃避心理，不仅会让自己的工作处于停滞状态，而且会影响到整个企业的运转。

而对那些世界500强企业的HR管理者来说，他们希望找到的员工不但能够应对工作压力，而且能在重压之下焕发出勃勃生机。也就是说，无论你接受的工作有多么艰巨，都不应当埋怨，而是要面带微笑地接受这项工作，并尽自己的努力把它做好，千万不能表现出不知如何下手的样子。

下面是世界500强企业测试员工压力的面试案例。

面试官：很抱歉，就您的表现而言，我们不能录用您！

应聘者：我想要说的是，尽管贵公司不能录用我，但我还是非常感谢您

能给我提供这样一个面试的机会。不过，我也想请教您一下，贵公司拒绝我的理由是什么？因为我想借此认清自己的问题或改正自己的缺点。

问题点评：应聘者乍一听到拒绝的话时，千万不要惊慌失措，或者表现出情绪一落千丈、垂头丧气的状态。因为在正常的情况下，面试官不太可能当场告知应聘者面试结果。所以，这句话通常是在考察应聘者对现场的控制能力，对自己的把握能力以及在面对压力时的情绪稳定性，本案例中的应聘者很好地做到了这一点。

面试官：请问，您对目前应聘的这项工作，有哪些可以预见的困难呢？

应聘者：我认为在工作中，难免会出现困难，但只要事前经过周密、充分的准备，然后保持良好的合作精神，最后再用坚韧不拔的毅力，就能克服我所面临的困难。

问题点评：应聘者在面对这个问题时，并没有直接说出一些具体的困难，而是采取了迂回战术，最终表明了自己在面对困难时的态度。

面试官：请问，您曾经遇到过哪些令您非常失望的事情？

应聘者：当我刚刚走出学校的大门时，我认为凭借自己的能力，完全可以轻松地找到一份好的工作，并且尽自己的最大努力将这份工作做好。但是，直到我四处碰壁后，我才逐渐清醒地意识到，找到一份适合自己的工作并非易事。尽管当时我很沮丧，但我很快就调整了自己的情绪，并通过自己的坚持最终找到了一份合适的工作。虽然说好工作可能需要多花费一点时间，但从长远的角度来看，这样做是非常值得的。

问题点评：应聘者通过这个问题，表现出自己在做出决策时所依据的方式，并通过这种方式来体现他的成熟。此外，这也间接证明了应聘者能够应付未来的不确定性，这是一种非常重要的生存技能。

应聘者在面试的过程中，如果能在面试者提问之前就先谈一下自己如何去适应现代职业生活中的压力，则肯定会非常有利。如果应聘者对压力与变化感到困惑并难以适应，那么对应聘者极为不利。

如果在面试中，应聘者不但能够表现出自己承受压力的能力，而且能更进一步，表现出自己不但可以承受压力而且欢迎压力，那么将会格外受对方青睐。因为要想获得一个较好的职位，就必然会有比较大的压力，所以应聘者在面对压力问题时，必须采取一种积极进取的态度，这样在面试官眼中才能提高自己的地位。

而在职场中，我们在面对激烈的竞争时，必须时刻保持一种危机意识。因为职场中的每个员工都是在逆水行舟、不进则退，没有人会站在原地等你，那些被抛在后面的落伍者，压力将更大。如果在一开始就有了危机意识，即坚决不让自己落后于别人的危机感，他们就会拥有赢得胜利的强大动力！

为此，一位世界500强企业的CEO在描述其心目中的理想员工时，这样说道："我们急需那些拥有奋斗、进取精神以及勇于向'不可能完成'的工作发起挑战的人才。"

员工只有勇于向"不可能完成"的工作挑战，才能不断进步，进而取得事业上的成功。那些不敢向高难度工作挑战的员工，只会画地为牢，将自身的潜能囚在其中，并最终让自己无限的潜能化为十分有限的成就。

因此，敢于向"不可能完成"的工作发起挑战的员工，与事事求安稳的员工在老板心目中的地位是截然不同的。那种接到任务就诉说困难的人，是很难得到老板赏识的。同时，勇于挑战"不可能完成"的工作的精神，也是获得成功的基础。因为在复杂的职场中，只有秉持这一原则，使其成为磨砺生存的利器，从而不断地力争上游，才能最终脱颖而出。

也就是说，我们在面对一些看似"不可能完成"的艰难工作时，千万不要抱着"避之唯恐不及"的态度，也不要总是去设想最糟糕的结局，甚至不断重复"根本不能完成"的念头，因为这等于是在预演失败。而即便是在挑战之后没有让那些"不可能完成"变成"被完成"的现实，我们也不要感到沮丧、失望。

美国著名的世界500强企业3M公司，对于公司研发项目的失败有着其他任何公司都无可比拟的包容。只要员工勇于接受挑战，就算是失败了也不会被惩罚，反而会集体庆祝。

因为3M公司认为，最终的成功就是无数次失败的结果，而即便是失败仍然具有价值。而实际上，3M公司很多失败的项目，还可能会在其他领域中重获新生。比如，具有传奇色彩的创新产品——报事贴，就是从之前开发失败的一款粘胶中获得灵感的。因此，在3M公司，失败的团队没有任何责任，可以一切重新再来。

3M公司不但包容员工的失败，而且鼓励他们勇于冒险，并为此设立了种子基金，以支持员工非正统的项目以及有明显回报的研发项目。

3M公司始终认为，失败、走向死胡同，只是最终取得成功的必经之路。

经典案例：苹果、GE等世界500强企业的用人标准

如今的时代，我们都清楚人才是最重要也是最急需的。企业要想做大，就必须招收更多的人才。本节为大家介绍一些世界500强企业的用人标准，这往往也是世界500强能够取得成功的重要因素。

◎ 苹果公司：看学历、看经验、看创新，更注重工作绩效

1. 学历

苹果公司要求应聘者具备基本的学历，如果能够取得各种证书，则对求职很有帮助。

2. 经验

苹果公司很看重应聘者的工作经历，要求应聘者必须要有本行业内的工作经验。因为苹果公司基本上不招聘应届毕业生，所以应届毕业生如果想去苹果公司，就应先去其他公司积累一些工作经验，哪怕是一些小公司也没关系，但是不能丢掉IT专业，并且在技术上要跟进最新的东西，不断学习、积累，否则很快就会落伍。

3. 创新

苹果公司强调创新观念。也就是说，你的创新意识、能力越强烈，你

就越能得到HR管理者的青睐。

4. 工作绩效

苹果公司特别重视员工的工作绩效。对应聘者，苹果人力资源总监除了提出前面三点要求以外，还有很重要的一个要求就是高绩效文化。高绩效文化从来没有说你是哪个学校毕业的，是什么学历，而是看你在工作上的贡献及工作热情。

◎ GE（美国通用电气公司）：专业水准、道德品质、未来潜力

1. 专业水准

在专业技术方面，GE公司主要看应聘者的专业素质与专业标准是否符合基本要求。

2. 道德品质

在道德品质方面，GE公司主要看应聘者是否符合GE公司的价值观，其中包括诚信、变革、热情和自信等。

3. 未来潜力

在员工发展的潜力方面，主要看其未来是否有潜能去做一些带有领导性质的更高位置的工作或更广范围的工作。

GE公司除了对应聘者的"硬件"有要求外，也非常看重应聘者的"软件"，其中包括团队精神、沟通技能、逻辑思维和分析能力、创新能力等。

此外，GE公司在全球招聘员工时采用的是同一个标准，也就是说，GE员工无论在哪一个国家工作，都具有相同的特点与素质。

◎ UPS（美国快递公司）：清廉、正直善良、视野开阔、积极乐观、团队精神

1. 清廉

清廉是UPS公司对员工素质的第一要求。

2. 正直善良

UPS公司认为，只有善良、正直的员工才值得信任，这样的员工才会不遗余力地为客户提供良好的服务，公司才会放心地赋予他们一定的工作。

3. 视野开阔

由于UPS公司要经常与国外的客户、同事交流，因此，员工必须要视野开阔，了解国际惯例，这样才能很好地为客户服务。

4. 积极乐观

由于UPS公司的工作每天都会遇到很多特殊情况，即各种麻烦，比如，有时遭遇恶劣的天气，飞机因故障而不能准时起飞或晚点，等等，因此，如果不具备积极乐观的心态，就很难很好地完成工作的。

5. 团队精神

UPS公司的工作总是一环扣一环的，个人根本无法完成，因此，必须要实现"1+1＞2"的团队合作效果。

◎ 麦当劳：招收员工的"五不"原则

1. 坚决不用"靓女"

很多服务行业都特别喜欢招收年轻、漂亮的女服务员，即对女性员工的外貌、身材特别讲究。但麦当劳拒绝招收"靓女"，它所录用的员工大多相貌平平，但都特别能吃苦耐劳。

2. 用"生"，不用"熟"

麦当劳公司喜欢聘用刚跨出校门的年轻人，并为此积累了一整套成功的管理经验。这是因为，麦当劳公司要用自己的管理经验来培训新员工，而不是希望这些员工受到他人的框框束缚。

3. 不搞暗箱操作

为了确保应聘者准确无误地了解自己的工作岗位和工作条件，他们在考核全部通过后，即可在店里进行为期3天的实地实习，以熟悉未来的工作环境。同时，公司对新员工的培训也能体现"不搞暗箱操作"的原则。在培训的第一阶段里，公司明确表示要从所有参与培训的人员中培养出一些快餐店经理，但在成为经理前，必须担任4~6个月的实习助理，并要求实习助理熟悉公司各个部门的业务，最终让他们掌握最佳质量、最佳服务的所有方法。

4. 不炒员工"鱿鱼"

麦当劳已经成为培养员工的学校，并且在麦当劳精神下培训出来的员工，即便离开也会从中学到很多东西，成为对社会有用的人。

5. 不限制员工的工作时间

在麦当劳工作的员工，在工作时间方面可以自由选择，比如，既可以当全职员工，又可以当兼职员工。这就吸引了大批人才应聘，麦当劳从中能够选拔最优秀的员工，这样就能为企业创造出更大的效益。

◎ 索尼：学历无用，创新最重要

在选用人才的标准上，索尼公司除了要求求职者要有出众的聪明才智、良好的知识和业务背景之外，对创新务实的工作态度最为看重。

索尼公司创始人盛田昭夫先生早就提出"学历无用论"的口号，并鼓励创新，同时又强调务实。盛田昭夫先生认为，创新虽然可以焕发员工的斗志与激情，但必须佐以务实才能更脚踏实地，将效率达到极致。

此外，索尼公司还特别鼓励公司内部的科技人才"跳槽"，即可以在公司的任何部门寻找新职位，或者"毛遂自荐"参与感兴趣项目的开发研究。

◎ IBM：专业是否对口并不重要，重要的是潜能

IBM公司的技术背景很强，但在招聘员工时，对其专业背景的要求却并不严格。这是因为，IBM公司招聘的岗位覆盖面较广，而且IBM公司更加看重应聘者的潜能，即是否为可造之才。

在IBM中，从很多例子可以看出，很多非IT专业出身的应聘者，最终在IT技术岗位上做得非常出色。比如，有一位出色的技术经理最初是学戏剧编剧专业的，来到IBM公司后，却担任系统工程师，做大型机的操作系统。

因此，在IBM公司，只要员工有兴趣和潜力，公司就会给你提供机会。通常在笔试之后的各轮面试以及日后的学习培训中，IBM公司就会发现员工的兴趣和潜力。

◎ 英特尔：青睐3分学生，即中等偏上的学生

英特尔公司的企业文化和企业精神是：客户第一、自律、质量、创新、工作开心、看重结果。其招聘员工的首要条件就是必须要认同公司文化和企业精神，这也是英特尔公司的凝聚力所在。

英特尔公司在人们的印象中是一个不断推陈出新、升级换代的高科技公司，其创新精神在招聘过程中也得到了充分的体现。比如，英特尔公司在招聘各高校的应届毕业生时，很愿意招收各种成绩为3分，却富有创新意识的学生，而如果在校期间完成过颇有创意性的项目，就会更受欢迎。

◎ 微软：内部员工推荐

美国的微软公司，被看作全球最吸引人才、最有利于人才发展以及最能留得住人才的公司之一。

微软公司在进入一个新兴市场时,喜欢启用当地员工而不是从总公司派人,并且倾向于依靠公司内部员工的推荐来获取人才,大约有40%的员工是通过这个途径进入微软公司的。

这是因为,微软公司认为只有当地的人才,才了解当地的价值观、工作方式、如何使用技术、主要竞争对手等。

◎ 宝洁:优先招收热心社会活动者

宝洁公司招聘员工的具体要求如下。

1. 强大的主动工作能力

宝洁公司认为,如果员工具有极强的主动性,就能够坚韧不拔、独立自主,并且以极大的热情来做好自己的工作。

2. 善于相处

宝洁公司认为,只有与周围的同事保持良好的工作关系,才能更好地完成自己的工作。

3. 较强的表达、交流能力

宝洁公司善于用客观、开放的态度来吸取员工的建议和反馈,因此,较强的表达、交流能力就显得非常重要。

4. 较强的分析能力

宝洁公司倾向于招收具有较高才智的员工,希望员工能对瞬息万变的商业竞争及时做出反应。

5. 优秀的合作精神

宝洁公司希望员工懂得如何激发自己的热情,以便在工作中更好地发挥出个人和集体的作用。

6. 诚实正直

诚实正直是宝洁的"公司信条"。尽管时代在发生变化,但具有传统的"侠义之风"的应聘者是宝洁公司非常期待的。

7. 热心于社会活动

宝洁公司会经常询问应聘者,是否经常参加活动或组织活动,而且通常会优先考虑录用那些热心于社会活动的应聘者。

第四章
练就一双火眼金睛，员工的招募与甄选

世界500强企业美国玫琳凯化妆品公司的创始人玫琳凯曾说："优秀的员工是企业最重要的资产，招聘到优秀人才，并留住他们，是一个优秀公司的标志。"因此，作为企业形象代言人的面试官，必须要扮演好"伯乐"的角色，即做好企业人才流入的"质检员"，为企业招聘到合适的、优秀的人才。

面试前,面试官应采取哪些准备工作

面试官的能力和素质往往代表着一个企业的形象,因为面试者往往是通过与面试官的接触,来判断该企业整体水平以及企业文化的。

可以说,面试官的形象就代表着企业的形象。而面试官如何慧眼识人,如何用实力吸引人,如何用情怀打动人,都会给应聘者留下一个非常深刻的印象。

因此,面试官在面试的过程中不仅扮演着"伯乐"的角色,更重要的是承担着"形象代言人"的责任,起到了宣传、推广公司的作用。那么,一位优秀的面试官在面试前应做哪些准备,才能更好地完成面试工作呢?

1. 明确面试目的

面试前,面试官首先应该明确企业需要招聘什么样的人才,岗位的具体工作是什么,检查应聘者与应聘职位的匹配程度,等等。

另外,当面试官认真阅读岗位职责的说明书后,还有一项工作不能忽视,那就是面试官期望从这次面试中得到有关应聘者的哪些信息,比如收集有关应聘者能做什么或者愿意做什么的信息。因为面试官只有事先明确面试过程中所要达到的效果,才能有针对性地收集相关信息,进而做到有的放矢,做出准确的判断。

2. 熟知招聘岗位的各项要求

面试官应熟练掌握招聘岗位的相关能力要求，一般包括知识、技能、经验等因素。同时，为了满足岗位的要求，面试官还要考虑应聘者在未来工作中会遭遇哪些障碍和挑战，以及应聘者要克服这些困难必须要具备的能力和素质是什么。

面试官只有通过对这一系列问题的设计，才能更多地了解所招聘职位的各项要求，才能更加深入地认识和了解应聘者自身的各项技能，进而更好地设计面试问题以及更有效率、更具针对性地进行面试提问。只有清晰招聘岗位的要求，面试官在提问过程中才能有的放矢。

此外，虽然不同的职位有着不同的岗位要求，但是对应聘者的某些要求是共同的，比如，应聘者的仪表是否整洁，性格是否积极乐观、自信向上，以及是否诚信、正直等。

面试官：我们先来做一种假设，当你发现上司的某些行为、举措违反了公司的规章制度时，你会如何处理？

应聘者：首先，我会直接同我的上司进行一些简单的沟通，以一种比较委婉的方式向他提出对他这项举措的困惑；然后，我会向他确认，是否是由于我自身在认识或经验上的不足，才导致我对他的这项举措在认识上存在着偏差；接下来，当我确定这并不是一个误会，或者不是我在认识上存在偏差时，我会明确指出上司的做法不符合公司的规章制度，并给出相关的建议；最后，如果上司仍然坚持违背企业原则，或者是违反企业的规章制度，我就会采取进一步的措施，比如与更高层领导沟通。

面试官：如果你这样做，难道不担心你的上司会因此而对你有看法并对你不利吗？

应聘者：我认为我并没有做错。因为这个问题关乎员工的诚信。因此，我作为企业的员工就要坚决维护企业的利益和相关的规章制度，否则，就有违我的职业道德。

点评：应聘者在面对这样一个比较棘手的问题时，表现出了非常良好的诚信品质，并且将企业的利益时刻放在首位，做到了尽职尽责。在面对自己上司这个权威时，他能够做到坚持原则，坚持自己的职业道德，并始终能够维护企业利益，因此，这类人是最受企业青睐的员工。

此外，应聘者在表达自己对上司的举措存疑时，还能够采用委婉地与上司沟通的方法，这也是特别值得提倡的。因为在不完全了解事实并且没有与上司沟通的基础上，双方是完全有可能产生误会的，而直接沟通则可以避免出现误会。

3. 提前阅读应聘者的简历

为保证面试的质量，面试官需要对应聘者的简历提前阅读，以充分了解应聘者的专业背景、行业背景和学习经历等相关信息，并标识出简历中的疑点问题。

举例来说，如果应聘者工作衔接出现空当时，面试官就要追问相关细节并找出具体原因。此外，对于应聘者频繁转换工作、最近的培训进修情况、离开上一家公司的真正原因、过往经历中成功或失败的经验，以及在上一家公司的工作绩效等相关问题，面试官都需要做好标识并在面试中重点询问。

4. 一定要懂得公司的相关业务

面试官只有充分了解公司的相关业务，才能具备与用人部门沟通的能力和技巧，并且能够与他们在一个水平线上进行对话。这样，面试官对用人部门的建议才能真正切中要害，帮助他们找到适合的人才。

此外，为了更好地做好面试准备，面试官还需要修炼"自我形象"，具体来说要做好以下两点。

（1）面试官的衣着打扮必须要同公司形象匹配。因为面试官通过衣着，能够精准地给应聘者，即未来的潜在员工传递公司的工作礼仪与着装要求。例如，如果当天有面试的工作安排，面试官就需注意自己的衣着与工作气氛保持一致。

（2）面试官还应修炼好自己的外在形象，其中包括引导、请入面试室、示意入座、送应聘者离开等接待礼仪。这些外部形象如果做到位，就能够赢得应聘者的尊重，同时也成为自己迈向新台阶的基石。

相信面试官如果做好以上各项准备，就能够帮助企业从各个角度来考察、评价应聘者了。同时，面试官还能在应聘者的心中留下一个职业、阳光、积极、专业的形象，并因此而给公司加分，进而为公司吸引更多优秀的人才。

如果要招聘那些对企业非常重要的优秀人才，面试官可能会觉得上述内容还不够全面，此时还需要借助其他手段，比如背景调查、薪资报告，等等。

选人就像选钻石，严把面试关

对应聘者来说，企业留给他们的第一印象就是面试官。因此，面试官可以说是企业向应聘者打开的一扇天窗，无论面试官表现的是"阳光"还是"冷酷"，是"犀利"还是"沉稳"，都会让应聘者对企业有一个深刻的洞察，尤其是对那些十分优秀的人才来说，更是如此。

而对面试官来说，选择人才的过程就像选钻石。识别人才并为企业招揽优秀的人才，并不是一件容易的事。为此，面试官在面试的过程中需要注意下列事项。

1. 保持最起码的职业操守，即尊重应聘者

面试是一种双向选择，也是双方了解彼此的过程。因此，面试官首先应摆正自己的位置，不能给对方留下一种盛气凌人的感觉。要想尊重应聘者，面试官就必须要在面试前做好相关的功课，比如要大致了解一下对方的简历，千万不要等到面试开始时还不清楚对方的姓名、申请的岗位等相关资料。

此外，面试官在面试开始时，应该首先简单、扼要地介绍一下自己，这与我们作为主人，向登门拜访的客人介绍自己是同样的道理。

2. **让应聘者尽快进入面试状态，使其迅速"破冰"**

技术类的工程师等应聘者可能会有些内向或者少言寡语。因此，面试官要尽快让他们放松。比如，可以幽默一下，或者说说当地的天气、焦点新闻等。这样就容易让应聘者进入状态，以利于他们正常发挥。

此外，面试官不要为了让这些内向的应聘者放松而上来就让他们做自我介绍，因为有时候这样做可能会适得其反。

3. **应多听少说，但不能对面试的过程失去控制**

在面试中，有些面试官喜欢对应聘者不停地发问。虽然这种方法看似十分主动，但效果却并不一定非常理想，因为这样很难从面试者的身上得到更多的有效信息。所以，面试官应该"多听少说"，即让应聘者多讲。面试官一边倾听，一边根据应聘者的回答情况展开提问，以引导并控制整个面试过程。

4. **为应聘者留下一点提问的时间**

无论应聘者是否符合公司岗位的要求，面试官都应给面试者一个提问的机会，并且要认真回答。比如，如果应聘者符合公司岗位的要求，面试官也非常希望对方能够接受岗位，回答对方的提问就可以更好地说服他们加入公司，千万不能由于在这个过程中失误而"赶走"人才。

反之，即便是面试者不符合公司岗位的要求，面试官仍然需要完成最后一关。因为如果给应聘者留下一个好印象，对方就可能会为你推荐更多的人才，或者等到能力提高后再回来参加面试。绝对不要低估应聘者的口碑对公司造成的影响。

1. **忌被应聘者的简历忽悠了**

简历不一定能够完全反映出面试者目前的状况。举例来说，应聘者的简历上写的可能是名校毕业，而且有某知名企业的工作背景，但简历只能代表他们过去的经历，不能完全说明面试者现在的水平。

同时，简历往往会"注水"，或者有描述不精确之处。举例来说，简历上注明精通Java语言，但应聘者到底精通的程度如何，只有通过具体的面试才能大致了解。通常情况下，简历上描写越"优秀"的地方，面试官就越要去"挑战"。

2. 忌对应聘者有任何假设

在面试之前，面试官千万不要对应聘者有任何假设，包括简历上的信息。也就是说，面试的整个过程就是要想方设法来找出面试者的问题，为最终的决定提供有效的判断依据。

比如，有的面试官看到对方在一些问题上很有想法，甚至还滔滔不绝、口若悬河，于是就假设对方有经验、有水平，却放弃了追问对方细节的机会，进而草率地将其录用，但录用之后才发现对方只是空有理论，即"会说不会做"。

3. 忌将录用决定留给下一位面试官

应聘者往往会经过很多次面试才能确定最终是否被录用。这就导致一些面试官认为自己只是初面，并不重要，因为最终的决定权在后面。如果面试官有了这种心理，就会在很大程度上影响面试效果。

比如，原本自己能够搞清楚的问题，却将这份责任推给了后面的面试官。再比如，面试官有意询问应聘者一些简单的问题，将难题留给后来者。实际上，在确定应聘者是否符合公司岗位要求时，无论是排在前面还是后面，每一位面试官的论点和论据都很重要。

4. 忌诱导应聘者

在面试的过程中，面试官通常应该询问应聘者一些开放式的问题，希望能够为他们提供一个自由发挥的空间。但如果提出问题的方法错误，提出的问题就会变成诱导性的问题，这样就很难得到更多有效的信息。

例如下面的案例：

面试官：您是如何看待团队合作的？

应聘者：我们都知道，"一个好汉三个帮，一个篱笆三个桩"，无论个人能力有多优秀，都离不开团队的帮助……

点评：这个问题往往会诱导大多数应聘者，使其在回答时朝着讲述团队合作种种好处的方向去讲，因为这是面试官非常想听的，但面试官很难从中得到什么有效的信息。因此，面试官在准备问题时，应当从应聘者的角度来考虑，看看他们有哪些具体的想法；否则，就会出现"问了也是白问"的情况。

面试官：您认为，您在以前的工作团队中具体担任哪些角色？

应聘者：在之前的工作团队中，我主要担任"智多星"的角色，即为团队的其他成员"献计献策"。此外，我还富有创造力，能从不同角度去看待问题，经常为其他人提供一些新思路、新想法，以产生新的解决方案。

面试官：您认为，您如何才能进行有效的团队合作呢？

应聘者：是这样，我认为最重要的是团队中的每个成员，都必须关注团队的整体目标而非个人利益。这样，大家才能更加开放地分享自己的经验、教训，进行有效的沟通，并贡献自身所长，从而进行有效的团队合作。

点评：该应聘者在回答中能够以团队合作为前提，以自己在团队中的角色为出发点，强调自己是为团队中其他成员贡献新思路和新想法，这样就突出了他的团队合作能力以及在团队中的作用。

5. 忌只要答案，不要过程

像谷歌、微软等世界500强公司，在面试时经常采用开放式的问题，目的是观察应聘者回答的整个过程。

也就是说，面试官应该搞清应聘者的回答思路，明白哪些是死的知识点，哪些是活的解决方法。因为知识点暂时不知道没有关系，可以通过学习得到，但分析问题的思路或方法则不是那么容易学得到的。

6. 忌忽略细节

面试官应当注意，追问应聘者细节不是为了通过拷问对方来寻找满意的答案，而是要了解他们的说法是否可信，等等。

总之，细节问题往往是最重要的，但又最容易被忽略。

透过现象看本质,判断应聘者的潜力

随着应聘者的综合素质变得越来越高,他们往往能够在面试过程中准确地把握面试官的"口味",并"投其所好",同时规避自身的缺点或弱点,进而获得面试的成功。这就要求面试官拥有"不畏浮云遮望眼"的本领,即透过应聘者的"现象"看到其"本质"。

因此,面试官需要练就一双"火眼金睛",即通过观察来判断应聘者是否具备优秀的语言表达能力、逻辑思维能力及分析能力;通过其胆识及创新想法,来判断应聘者的工作见识;通过应聘者对行业的认知程度以及自身发展方向,来分析、判断应聘者是否符合本公司的岗位要求,或者该岗位是否适合其个人的发展。

那么,面试官如何在海量的应聘者中判断并找到有发展潜力的人才呢?

1. 具备较强的逻辑思维能力

逻辑思维能力是指正确、合理思考的能力,即对事物进行观察、比较、分析、综合、抽象、概括、判断、推理的能力,采用科学的逻辑方法,准确而有条理地表达自己思维过程的能力。它与形象思维能力具有很大的区别。

应聘者通过就一些问题阐述个人见解,能够充分展现其自身的逻辑思维能力，而逻辑思维能力强的应聘者往往思路清晰、做事富有条理。

面试官：您在简历中介绍，您曾经是一家大型饮料公司的市场策划，负责新品上市的整体计划，我想知道，您是如何制订这项计划的？

求职者：首先，我把新品上市的推广分为市场拉动与销售推动两部分。其中，市场拉动包括线上和线下，我针对它们分别制订了相应的营销计划。线上营销主要是在电视、报纸等媒体上登广告；线下营销主要是在大型商场和卖场进行路演推广活动。而销售推动主要是配合销售部门进行新品买进和加强陈列的工作。

面试官：新品上市通常会有压力，您是如何规避的？

求职者：实施一个新品上市计划需要各个部门相互配合工作，因此必须保证每个部门都不能拖延，否则就会导致整个计划失败，进而为我们的工作带来很大的压力。为此，我采取了下列三种措施：首先是确定各项工作的最后期限，以确保各部门能按时完成；其次是确保各项目工作人员之间进行反复的有效沟通；最后就是，如果在实施过程中出现问题，先确保迅速解决问题而不是追究责任。做到这三点，就能够有效规避因为新品上市而产生的压力。

点评：对于这段工作经历，应聘者描述得非常详细、全面，思路清晰，显示出他具有很好的逻辑思维能力。

2. 分析能力

分析能力指的是，把一件事情、一种现象或者一个概念分成比较简单的组成部分，然后找出这些内容的本质属性与彼此之间的关系，最后再单独进行剖析、分辨、观察和研究的一种能力。

也就是说，一个看似比较复杂的问题，通过理性思维进行梳理之后，就会变得简单化、规律化，这样就能够将其轻松、顺畅地解答出来。这就是分析能力的魅力所在。

面试官可以通过一些设定的问题向应聘者提问，从而了解应聘者对本行业前景的认识和预测能力，然后再根据自己掌握的知识与应聘者对这个行业的了解程度进行深度和广度的对比，最终来判断应聘者对其行业的认知及分析能力。比如下面的例子：

面试官：您是如何看待服务行业的呢？

应聘者：我认为，服务行业需要我们用真诚的态度来为人们提供他们所需要的帮助，也就是把客户当成上帝。

点评：这位应聘者的回答只是从表面去阐述，其内容也都是一些显而易见、众所周知的观点，给人以泛泛而谈之感，并且缺乏深度，毫无新意，似乎有蒙混过关之嫌。因此，面试官可以得出结论：应聘者对于行业的了解不深，分析能力也很一般。

通常，面对这样的应聘者，面试官可以继续询问一些细节性问题，来进一步考察他对本行业的认识。比如，询问应聘者的具体工作计划。

3. 工作见识

工作见识主要表现为应聘者对该行业的认识，比如，对汽车行业，除了熟悉本公司的品牌之外，应聘者是否对其他品牌也有所关注及了解。对行业是否具有敏感度，也是对应聘者重点考察的项目之一。

下面是世界500强企业——德国的林德叉车集团招聘中国员工（售后工程师）的一段现场面试过程。

面试官：请问，您是如何看待我们这个行业的？

应聘者：我认为叉车行业是一个拥有持续生命力的行业，因为如今中国的经济不断高速发展，不仅建设了大量的新工厂，而且旧工厂的规模也在不断扩大，这导致对叉车的需求量与日俱增。因此，与叉车相对应的售后服务

需求也将随之增加。

面试官：那么您对叉车本身有多少了解呢？

应聘者：我了解很多叉车的品牌，比如国内的品牌合力，瑞士的海斯特，等等。合力叉车的优点是外观时尚、操作简单、价格便宜；海斯特叉车主要以大吨位产品为主；而林德叉车最大的优点就是质量可靠、技术先进。但我始终认为，叉车行业未来的发展方向一定是以技术为先导的。

通过这个的案例，我们能够发现以下问题。

（1）虽然说应聘者对于中国叉车售后服务市场的增加原因给出了自己的分析，说明他具备一定的分析能力，但对于未来售后服务的发展方向，或者说如何发展，则未能给出比较明确的答案。也就是说，应聘者对第一个问题的回答显得有些片面，因此，还需进一步对其进行考察。

（2）当面试官对应聘者提出第二个问题时，应聘者给出了较为详细的论述，这说明他对本行业的整体市场有一定的了解。但与回答前面的那个问题一样，也是缺乏一定的深度，比如，海斯特以大吨位为主的原因是什么，林德叉车技术的先进性又体现在哪些地方。这说明，应聘者对于叉车售后服务的接触并不深。

此外，应聘者在第二个问题的回答中还有逃避的嫌疑。因为面试官问第二个问题有一个目的，是希望应聘者能够回答叉车本身的构造等相关知识，进而延伸到应聘者对售后服务以及工作见识等方面能力的了解程度。但是，应聘者的解答却倾向于叉车营销方面，因此，面试官还应明确应聘者的未来发展方向。

（3）从应聘者的整体回答得出：内容没有深度，很多都是泛泛而谈。

因此，为了进一步考察应聘者的实力，面试官还需对其进行一些更有针对性的提问。比如，"您对服务工程师这个职位如何看待""您对叉车的售后服务有哪些了解"等。

通常情况下，面试官可以将应聘者的回答分成以下两类。

（1）知识水平十分渊博，对本行业的认识和研究非常深刻。

（2）虽然善于表现自己，但给人以故弄玄虚之感，并借以吸引面试官的注意，显示自己的与众不同。

面试官对第一类应聘者应重点关注；而对于第二类应聘者，则可以选择放弃。

注重结构化面试,面试技巧之STAR法

世界500强的HR总监们在面对那些面试技巧越来越高的应聘者时,非常喜欢使用"行为事件访谈法",即STAR法。它是由美国心理学家研究出来的一种结构化面试技巧,是指通过了解应聘者解决工作中具体问题的过程,来全面、深层次地挖掘出应聘者在知识、经验、技能掌握程度、工作风格等方面的细节内容,进而对应聘者做出全面、客观的评价。

STAR是由Situation(情境、背景)、Task(任务)、Action(行动)、Result(结果)这四个英文单词的首字母组合而成。

S——Situation,指应聘者从事过的事件所处的具体背景。

T——Task,指应聘者为完成上述事件所承担的具体工作任务。

A——Action,指应聘者为完成上述工作任务所采取的具体行动。

R——Result,指应聘者在完成上述工作任务后得到的实际结果。

通常情况下,通过了解应聘者在这四个方面的描述,面试官即可详细地了解应聘者处理这个行为事件的整个过程,并就此做出一个准确的评估。

操作时,面试官可事先画好STAR空间图,并分别在四个模块中写下设计好的问题;随后,在面试过程中按照顺序来逐个询问应聘者,并做相应的记录;最后,再根据记录,对于一些关键问题、关键点展开重点追问或

突击回问。

比如，面试官可以先让应聘者讲述完成一项工作任务的整个过程。等应聘者讲完之后，面试官再继续追问以下问题。

（1）S（背景）：这件事发生在什么时候？

（2）T（任务）：你要从事的工作任务是什么？

（3）A（行动）：在接到任务后，你是如何操作的？

（4）A（深层次了解）：你用了多长时间，才获取完成该任务所必须掌握的知识？

（5）A（顺便了解其坚忍性）：你在这个过程中遇到哪些困难？是如何克服的？

（6）R（结果）：你最后完成任务的情况如何？

（7）R（深层次了解）：请根据最终任务的完成情况，总结一下收获了哪些经验或教训。

通过对S的询问，面试官能够比较全面地了解到应聘者取得良好工作业绩的前提，进而掌握应聘者在取得的业绩中，有多少是与个人有关的，或者有多少是与市场状况和行业特性有关的等信息，以便能够做出比较客观的评价。

通过对T的询问，面试官可以了解应聘者的工作经历和经验，以确定应聘者过去从事的工作及具有的经验是否与现有招聘岗位的要求相匹配。

通过对A的询问，面试官即可了解应聘者是如何完成具体工作的，都采取了哪些行动来帮助他完成工作，进而了解到应聘者的工作方式、思维方式和行为方式。

通过对R的询问，面试官可以了解到应聘者在每项任务结束后得到了什么样的实际结果，是好还是不好。如果是好，原因有哪些；如果结果不好，需要注意哪些问题。也就是说，面试官要对产生结果的原因做出深层次的探究。

举例说明如下。

某企业需要招聘一位销售人员，而应聘者的资料上写着自己在某一年做过销售冠军，某一年销售业绩过千万等。在随后的面试中，应聘者也在不断地重复自己的销售能力非常出众，其销售排名总是名列前茅。

应聘者的表述能说明他就是一位非常优秀的销售人员，而且一定能适合自己的企业吗？如果按照STAR法来分析，应聘者的表述仅仅是STAR法中的R（即结果）而已。我们进一步分析，比如，应聘者从事大宗商品销售的工作，那么，每年上千万的营业额并不能证明他非常出色。至于应聘者所说的销售冠军，如果公司的销售人员很少，那么这个所谓的"冠军"也并没有太大的意义。此外，如果应聘者公司的销售方式采用的是降价销售或者是急于清理库存商品，那么也不能证明他的销售水平很高。

因此，当应聘者这样介绍自己时，面试官即可采用"STAR法"追问对方如下问题。

您以前是在什么情况下销售做得如此好呢？

您公司的实力与氛围如何？

产品在同类商品中的定位如何？

销售区域的需求量如何？

您采取了哪些行动来确保销售额？

你公司有几个销售人员？

用哪些指标来判断您是最好的销售员？

您的具体的销售额是多少？

面试官通过不断追问应聘者过去所发生的事情，即可一步步地将应聘者的陈述引向更深入的问题，并深挖其潜在信息。这样才能将应聘者过去的行为表现全面、完整地体现出来，进而为企业招聘到合适的人才。

STAR面试法之所以深受世界500强企业HR总监的欢迎，是因为它依据的是"过去的行为是对未来行为的最好预言"，即"多问过去，少问将来"，也就是从应聘者过去的行为中去判断他的经历是否真实、有效，而并非过于信赖应聘者的夸夸其谈。这样就便于面试官全面、有效地掌握应聘者的相关情况，从而能够为企业选拔到更适合的人才。

别出心裁，世界500强企业的新型面试手段

世界500强企业知名度高，福利待遇优越，工作环境舒适，管理体制完善，企业文化先进，是同行业中的领军者。能够加入世界500强企业，不但代表一种荣耀，也是能力及价值的体现，更是对应聘者的极大挑战。

因此，世界500强企业已经成为无数优秀职场人士的重点选择对象。那么，除了很多常规面试方法，世界500强企业还有哪些新型面试方法呢？

1. 无领导小组面试

无领导小组面试是采用情景模拟的方式，来对应聘者进行集体面试的一种方式。通过无领导小组面试，面试官能够考察应聘者在设定情景下是如何应对危机、处理紧急事件以及与他人进行合作的，并以此来判断应聘者的能力及素质。

一家世界500强企业曾组织了这样一场面试，面试官将25位应聘者按照5人一组分成5组，要求每组必须在15分钟内自编一首歌曲并当众演唱。结果，在规定的时间内，只有一个小组取得了成功：他们首先快速推选出一位临时组长，然后在他的指挥下，选出了一首大家都会唱的歌曲作为蓝本，再各自进行填词、整理，最终一次性通过。

这个小组之所以能够获得成功，是因为他们具备团队精神、组织能力和执行能力。

2. 压力面试

压力面试指的是，面试官有意制造出一种紧张氛围，以考查应聘者的应变能力、人际交往能力以及如何面对工作压力。比如，面试官通过提出一系列生硬、不礼貌甚至带有欺骗性的问题来故意让应聘者感到不舒服，或者针对某项疑难问题接连发问，并"打破砂锅问到底"，直至应聘者难以回答。

一位写作能力非常出众的应聘者，在参加某知名企业的笔试过关后又参加了第二轮面试。

面试官在与他简单交流几句后，突然问："在简历中，您说您非常爱好写作，文字水平也特别高，但我看了您填写的报考表，居然在'自我评价'一栏中出现了三次比较明显的语法错误。现在既没有多余表格，也不允许涂改，您应该如何处理？"

应聘者听后大吃一惊，但他并没有慌乱，而是迅速回想了自己填表时的情形，感觉自己不可能出现这么多的错误。

于是，他当机立断，边想边回答："为弥补自己出现的失误，我想在表后附一张更正的说明：'某某处出现了三处语法错误，实属本人粗心大意所致，特此更正，并为此诚挚地向大家致歉。'"

说到这里，应聘者突然停顿了一下，然后继续说："不过，在发出'更正说明'前，我想我应当知道错误在哪里，因为我不能毫无理由地随便发出一份'更正说明'，您说呢？"

面试官们听后都笑了，原来这是为求职者做"压力面试"而故意设下的圈套。

压力面试的目的是考核应聘者是否具有敏捷的思维、稳定的情绪以及良好的控制力，通常用于一些对需承受较高心理压力岗位的应聘者进行测试。

3. 餐桌面试

餐桌面试通常在测评高级或重要岗位人员时使用。面试官会邀请那些在前几次面试中表现比较好的应聘者一起用餐，席间大家可以边吃边谈。

国内一家企业招聘销售总监，面试官特意留下了几位在初试中表现良好的应聘者吃午餐。在餐桌上，面试官要求每一位应聘者负责点一道菜，席间大家有说有笑。

等到下午复试时应聘者发现，在午餐时点最贵菜及最便宜菜的应聘者全都落选了。面试官事后解释说："点最便宜菜的应聘者，容易被人低估其价值，因此不符合公司的要求；而点最贵菜的应聘者也会令公司反感，因为他没有为公司精打细算。"

餐桌面试容易营造出一种比较亲和的气氛，可以减轻应聘者的心理压力，以便能够真实地反映出应聘者的素质；同时，能全面考查应聘者在社会文化知识、餐桌礼仪、公关策略以及临场应变能力等方面的真实情况。

4. 紧张型面试

紧张型面试能够让应聘者"后背流汗"。比如，面试刚开始，面试官就直指求职者的弱点，使其陷入被动之中；或者面试官提问的速度很快，一个接一个，丝毫不给应聘者考虑的时间。

以面试销售员为例。可能应聘者刚刚坐下，面试官二话不说，立刻就会拿出公司的一些不同类型的产品，让应聘者当场推销。这要求应聘者必须事先做好心理准备，对应聘企业的产品也要有所了解，这样才能"有理有据"，不至于因紧张而慌乱。

紧张型面试有时也表现为面试官之间假装"针锋相对",他们看似彼此相互矛盾,其实是在制造混乱,以扰乱应聘者的心态。

5. 会议面试

会议面试,指的是让应聘者参加相关会议,并对会议的议题展开讨论,以确定方案、得出结论。

通过会议面试,面试官可以考查应聘者实际应用知识的水平和能力,同时能考查应聘者分析问题、解决问题以及思维视野、应用决策等方面的素质。

综上所述,世界500强企业除了考查应聘者的能力、形象、举止以及表达能力外,还非常看重应聘者在各种问题面前的应变能力。

经典案例：合适的才是最好的，华为公司的招聘原则

在企业中，由于高层管理人员彼此间存在着教育文化背景的差异，因此影响了他们用人的理念，经常是人事主任推荐的人选被用人经理否决，而用人经理看重的人又得不到人事经理的赞同。因此，要想提高招聘效率，必须建立一个众人统一认可的招聘原则。

在华为公司官网的招聘板块上，我们可以看到这样一句话："尊重、理解和信任是愉快地进行共同奋斗的桥梁与纽带，让我们一路同行，共同成长。"

招聘网页主要包括四个部分，分别对应着其核心思想，分别为：社会招聘（激发无限潜能，实现璀璨人生）、校园招聘（放飞梦想，将理想变为现实）、职业成长（一路同行，成就梦想）和人在华为（优美整洁的环境，高品质生活空间）。

华为认为，招聘员工是公司招聘人才的第一道门槛，如果面试官自身的素质很一般，就很难指望他们能独具慧眼选拔出公司所需的优秀人才。因此，为了保障员工招聘有效，华为公司建立了一个面试资格人管理制度，每年都会对所有的面试官进行培训，合格者方可获得面试资格。而且公司每年对面试官进行资格年审，不合格者将被取消面试官资格。而对于

企业招聘是否有效，华为认为必须从以下四个方面进行考量。

（1）是否能及时招到所需人员来满足企业需要。

（2）是否能以最少的投入招到合适人才。

（3）把所录用人员放在真正的岗位上是否与预想的一致、适合公司和岗位的要求。

（4）"危险期"（一般指进公司后的六个月）内的离职率是多少。

根据以上四个要点，华为结合公司的具体情况，制定了完善的招聘原则，力求实现人才招聘效益的最大化，主要包括以下七个方面。

1. 合适的才是最好的

华为认为，人才不是越优秀越好，而是合适的才是最好的。那么，什么样的人才是合适的呢？

（1）明确企业需要什么样的人，是要求德才兼备、以德为先，还是要求以才为先？是强调个性突出还是强调团队合作？是需要开拓型人才还是需要稳健型人才？如果这些条件都取决于企业，面试官在招聘时就应侧重于考察应聘者的兴趣、态度、个性等方面。

（2）明确岗位需要什么样的人，人力资源招聘部门要通过职务分析，明确某岗位所需人才应具备哪些条件，比如学历、年龄、技能、体能等。

对企业而言，只有掌握了标准，招聘才能做到目的明确；否则，只注重人才是不是优秀，根本没办法从众多应聘者中挑出企业所需要的人，还会导致许多优秀人才被企业安置在不适合的岗位上，最终造成人才流失，给企业带来极大的浪费。

2. 注重双向选择

华为招聘时特别强调双向选择这一条，绝不故意美化、夸大企业，避免导致应聘者对企业期望过高，进入企业后才发现实际并没有自己想象中的好，产生上当受骗的感觉，进而挫伤工作积极性。

因此，华为无论是在招聘之初，还是在最后一轮面试，始终将彼此满意作为获取人才的基础。最后安排应聘者与相关负责人谈话时，负责人会将公司发展前景、发展现状、普遍存在的问题等，向应聘者做出客观的介绍。

3. 有针对性的招聘策略

华为坚持有针对性的招聘策略，对所选人才或者讲求"实用性"，或者考虑为后期发展储备人才。例如，华为近几年招聘以应届毕业生为主，就可以看出此时华为更注重应聘者的发展潜力及可塑性，为企业将来的发展储备人才。

4. 招聘人员的职责

对企业负责、对应聘者负责是华为对招聘人员的基本要求。招聘人员还要树立"优秀不等于合适，招进一名不合适的人才是对资源的极大浪费"的理念。为此，华为人力资源招聘部门会在每年年初主动参与企业及部门人力资源规划，深入一线了解企业内部人员的流动去向，掌握企业在各阶段的用人需求，以便于制定合适的招聘策略，为企业持续输送新鲜血液。

此外，华为还在人力资源招聘专业任职资格标准中，明确了"面试资格人队伍建设"的行为标准，并梳理出面试官的能力素质胜任模型，如下所示。

（1）面试官能力素质之高度。面试官的理念往往会决定做事的高度，也会决定对面试的态度和重视程度。因此，优秀的面试官应具备"先人后事"的理念，即将那些合适的人员请上车，使其各就各位；让不合适的人员下车，并决定将车开向哪里。

所谓的"先人后事"，有三个关键词。首先是"上车"。面试官最重要的工作就是选人，一旦发现杰出人才，就立即聘用他们，哪怕当时并不知道他们要做什么具体的工作。其次是"合适"。企业最宝贵、最重要的资产是"合适的人"，而不是"不合适的人"，面试官必须要为企业选择"合适的人"。最后是"下车"。企业对"不合适的人"要及时做出处理，这样才有利于企业的发展。

（2）面试官能力素质之宽度。面试官必须要有"招贤纳才"的胸怀，这样才能为企业招到更多的"千里马"。也就是说，面试官应尽量避免个人偏好，勇于引进一些高素质的人才，哪怕这些人才比面试官本人还优秀。只有这样，才能提高团队的整体素质，使得企业能够不断适应未来发展的需要。

（3）面试官能力素质之广度。面试官是应聘者了解企业的窗口，也是企业的形象代言人和文化传递者，对人才的吸引度起到了"加分"或"减分"的作用。有些人才就是因为面试官不合格或者糟糕的面试经历而对企业反感，最终选择放弃。所以面试官必须要提高自己的个人素质，因为面试官的一言一行都代表着企业的形象和素质水平。

（4）面试官能力素质之深度。面试官在自己的专业方面必须要具有一定的"深度"，即掌握科学有效的招人与面试技能，这样才能为企业招聘到更加优秀的人才。

5. 用人部门参与招聘

通常，参与企业面试的专业面试官（即人力资源部门的专业人员）和业务面试官（即业务部门领导），二者组成了企业人才评估与选择的双重把关环节。用人部门直接参与招聘，是因为需要什么样的员工只有用人部门最清楚。

6. 设计科学合理的应聘登记表

华为的人力资源部门设计出一份科学的招聘表格，使得一张小小的表格就能够基本反映出应聘者的大致情况，从而快速淘汰一大部分明显不符合企业要求的人员，筛选出意向对象并邀请其参加面试。

7. 建立人才信息储备库

在具体的招聘实践中，企业经常会发现一些条件不错而且比较适合企业要求的人才，但受岗位编制、企业阶段发展计划等因素的限制，企业无法立刻录用他们，但企业可能会在将来需要这方面的人才加入。

为此，华为的人力资源中心会把这一类人才的信息全部纳入企业的人才信息储备库中，其中包括个人资料、面试小组意见、相关评价等详细信息。另外，企业还会定期与他们保持联系，一旦出现岗位空缺或企业发展需要，就可将其快速招入企业中，这样既能提高招聘速度，又能降低招聘成本。

第五章
注重员工培训,保证企业的可持续发展

日本松下电器公司有一句名言:"出产品之前,先出人才。"其创始人松下幸之助也曾强调说:"一个天才的企业家,总能不失时机地把对员工的培养和训练摆上重要的议事日程。"因此,企业注重员工的培训,既是送给员工的最好福利,又是开发、吸引并留住人才的有效手段之一。同时,培训是员工实现自我增值、快速适应时代发展,以及获取新知识、新技能的最好方式。而对企业来说,注重员工培训还能起到催化剂的作用,促使企业能够实现可持续的发展。

重视培训，避免优秀人才流失

国外一位著名的管理学大师曾说："对企业来说，员工培训是风险最小、收益最大的战略性投资。"

但国内的一些企业总是会忽视或轻视对内部员工的培训，进而导致很多优秀人才流失。实际上，这不利于企业的长远发展。因此，企业应当以战略的眼光，高度重视员工培训。

那么，何为员工培训呢？

简单来说，员工培训指的是为了提高企业内部员工的综合素质、能力和工作绩效而开展的有计划、有系统的培养或训练活动。其目的是改善和提高员工的知识、技能、工作方法、工作态度以及工作的价值观，使得员工能够最大限度地发挥其潜力，并提高员工个人和企业的业绩与竞争力，最终让企业与员工实现双赢。

具体来说，企业重视员工培训有下列好处。

1. 增强企业竞争力

随着企业对员工能力、素质的要求不断提升，人力资源的开发与培训已经成为企业增强自身竞争力的重要途径。

2. 提高员工素质

对员工培训，一方面能够大大提高员工的专业技能与综合素质，开发员工的潜能，调动员工工作的积极性，不断提高员工的工作效率和工作质量；另一方面，是建立企业人才储备的主要手段之一。

3. 更好地激励员工

对一些知识型员工来说，物质上的激励只是暂时的，短期内可以，长时间则无效，因为他们更注重的是自身能力是否得到了提高、自身是否有更好的发展。

4. 提高员工对企业文化的认知

企业通过培训，能够让员工形成一种良好、融洽的工作氛围，增强工作满意度与成就感，从而不断提高员工对企业文化的认知，进而为企业建立学习型组织打下良好的基础。

因此，企业培训是推动企业不断发展以及促进团队实现更快、更健康发展的重要手段之一。

不过，对一些热衷于员工培训的企业来说，却出现了另一种情形：他们投入了高成本的培训，最终换来的却是员工无情地离去，即花钱搞培训，人才反而流失了。

那么"人才流失"，真的是企业培训惹的祸吗？我们来分析一下具体的原因。

1. 企业未能给员工提供发展空间

员工一旦学习到了新的知识、技能之后，能力、素质都得到了提升。因此，员工就会感到自己应当得到一个更高的发展平台，但公司却没有提供。于是，很多竞争对手乘虚而入，为员工提供更大的发展空间。

2. 员工在培训中未能学到所期待的技能

如果员工通过培训并没有学到什么有用的技能，就会感觉自己是在浪费时间，或者是感觉企业没有为其提供学习的机会，进而选择离开企业。

我们从前面的分析可以得出，企业培训并不是"人才流失"的真正原因，而是企业没有建立完善的培训体系以及与培训相适应的晋升和发展机制。

作为世界500强企业，美国杜邦公司极为重视员工培训，公司为每一位员工提供了非常独特的培训。因此，杜邦公司的"人员流动率"总会保持在比较低的水平，例如，工龄超过30年的杜邦公司员工随处可见，这在美国公司中非常难得。

虽然负责杜邦公司的培训协调人员并不多，但他们为员工设计了一套完整、系统的培训体系。每年，他们会根据公司员工的素质、各部门的业务发展需求等相关内容拟出一份培训大纲。大纲中会清楚地列出该年度培训课程的题目、培训内容、培训教员、授课时间及地点等。同时，在年底前，培训协调人员会将大纲分发给杜邦公司各个部门的业务主管，并让他们根据员工的工作范围、需求等条件，参照培训大纲为每个员工制订一份详细的培训计划。员工也会按照这份计划参加培训。

此外，杜邦公司还为员工提供很多平等的、多元化的培训机会。比如，每位员工都有机会接受像公司概况、商务英语写作、有效的办公室工作等内容的基本培训。对于员工的潜能开发，公司也非常重视，他们会按照每位员工教育背景、工作经验、职位需求的不同特点提供不同的培训方法。培训范围从前台接待员的"电话英语"到高级管理人员的"危机处理"，应有尽有。

如果员工认为社会上的某些培训课程对自己的工作帮助很大，则可以向自己的主管提出培训申请。

杜邦公司为了提高员工参加培训的积极性，还实行了特殊教员制。其培训教员只有一小部分是公司从社会上聘请的专家，大部分则是杜邦公司内部的资深员工。此外，在杜邦公司，任何一位有业务或技术专长的员工都能成作为培训教师,为其他员工们讲授相关的业务知识。

对于如何避免因培训结束而导致人才流失,人力资源管理者应从以下几个方面入手。

1. 给员工设计一套适合其自身的职业发展通道

如果员工能够看到自己未来的发展方向,就不至于离开企业了。例如,给员工建立一些后备管理队伍的培训,这样就会让员工感觉有奔头,认为培训的确对自己未来的发展有利,员工就会死心塌地地留在企业。

2. 为员工进行的培训应"理论结合实际"

如果培训的内容不能运用到实际中,就只会白白浪费时间和财力。有一些员工就是由于培训浪费很多业余时间而生出很多不满情绪,进而选择离职。因此,要避免这种现象,培训就必须将知识与实践相结合,在"学"中"用",在"用"中"学",以充分发挥员工的主观能动性,进而不断提升自己的能力,也就是让员工在工作中实践培训的知识,并进行系统的总结。

3. 让培训者之间经常进行传、帮、带

如果能够让培训互动起来,例如,让那些先参加培训的员工完成培训之后,培训其他员工,就会进一步调动他们培训的积极性;同时,还能够避免这些得到培训的员工离职后,公司无人可替代的局面。

搭好架子，培训体系的建立

在当今社会越来越重视人才竞争力的大环境下，企业为员工搭建一个完备的培训体系，使得他们在工作中不断学习、提升技能和素质，是企业获得长远发展、提高组织营运效率和效益的战略措施。

但企业建立包括内部讲师库、教材库和培训课件库等一整套完备的员工培训体系，用以提升企业培训效果，并不是一项简单的工作。因为很多企业在具体实施的过程中经常会遭遇阻碍。比如，员工对培训兴趣不高、不明确培训对象和培训目的、缺乏专业培训师、培训方法单调且内容不全以及缺乏配套的内部人力资源管理体系支持等实际问题。

那么，企业应该如何搭建一整套完备的培训体系，才能达成理想的培训效果呢？

1. 培训流程须完善

要想克服员工积极性不高等阻碍，并提升员工培训的效果，首先必须要完善培训流程，即把培训责任、培训计划、培训实施、培训考核以及运用转化等方面要素作为关键点，进而建立一套完善的企业培训流程，用以提升培训效果。

具体来说，完善的培训流程应包括下列几个方面。

（1）进行培训需求分析，要求必须在对企业发展方向把握、员工技能素质等调研分析的基础上完成。例如，将企业的发展目标细化到每一个岗位上，明确每个岗位的具体职责，以明确该岗位的所需技能，最终确定培训需求。此外，对于确定需求，一方面需要由管理层决定，另一方面需要一线员工参与制定，这样才能确保培训不脱离实际。

（2）制订培训的相关计划，包括培训的内容、方式方法、培训人员等。制订培训计划时，人力资源管理者应了解员工培训的需求，并提前做好准备工作，这样才能根据员工需求有针对性地做出培训，不至于造成培训活动的浪费、劳民伤财。此外，人力资源管理者还应特别注意，实施培训项目应按照计划、步骤进行，不能只是走一个过场。

（3）对于员工培训效果的评估与考核，应该不断进行完善。例如，分析员工绩效的差距，找出差距产生的具体原因，并分析这些绩效差距是否能够通过培训解决；还可以将培训信息录入公司的培训系统，为下次的培训提供一些经验和教训。

2. 构建知识管理系统

在进行员工培训的过程中，企业还应结合自身的实际情况，构建企业所需的知识管理系统，即企业的知识管理中心。同时，该系统可以对员工开放，与员工共享，使得员工与其所需知识紧密结合。共享知识管理系统能将书本知识转化成员工实际工作中的技能，进而不断提高企业的效益和效率，增强其竞争优势。

此外，企业还应建立员工培训的学习积分管理制度，将员工的学习、培训进行记录、积分。这样就能在员工培训的过程中评选出一些优秀员工，并对其进行激励；同时，还有利于培训部门及时掌握员工能力提升状况，进而对培训工作做出相应的改进或优化。

3. 有效利用外部培训资源

企业选择外部的培训资源会更加权威或专业。外部的培训资源通常由专业的培训机构、咨询公司或高校等组成。对企业的高层管理人员培训来说，选择外部的专业机构培训更加适用。

在选择外部培训资源时，人力资源管理者应注意对其进行多方面考核，比如课程的可选性、适应性以及培训人员的经验与客户忠诚度等，以便选出最适合企业的外部咨询机构。

4. 加强企业内部的培训师队伍建设

企业内部的培训师既是开展培训工作的主力军，又是企业培训工作的执行者与实施者。因此，培训师必须对企业状况非常熟悉，并可以把自身知识与企业实际存在的问题相结合。

企业要想大力开展员工培训，加强内部培训师的培养与使用势在必行。在此过程中，企业还要特别注重培训师的培养渠道、成长路径与激励机制等相关问题。此外，目前有很多专业的人力资源咨询公司和培训机构可以提供企业内部培训师的培训服务，用以提高他们的职业素养等技能。

5. 分层培训法

建立"岗位—所需能力—培训"模型，以明确具体的岗位责任，并在日常工作中按此要求进行责任考核。这样就能了解什么层级的岗位需要具备哪种技能，并把岗位职责与员工所需要的专业技能、培训课程相对应，进而形成对照系统；然后，分层级进行细致化的培训；最终，更有针对性地制订培训计划，改进员工所需的工作技能。

世界500强企业戴尔公司，在员工培训管理方面的核心，是将重点放到对公司重要员工的培训上。

为此，戴尔公司特别制定了"70-20-10"的员工发展框架，即70%的员工通过集中总结、学习有关工作经验来不断提高；20%的员工通过专家的辅导、指导来不断提高自身的能力，重点是接触不同领域的人和事，或者是做一些跨领域的项目，比如，鼓励员工参与BPI（业务流程再造），或者在公司内部不同部门寻找不同的教练等；剩下10%的员工则实行由戴尔公司组织的正规学习计划。也就是说，这10%员工的学习是在正式的课堂上，进行正规的课程培训。课程培训包括基本技能的培训和管理能力的培训，还包括领导力的培训。

此外，戴尔公司的"70-20-10"原则也适用于绩效管理、招聘等领域。

6. 设立培训奖惩机制，以确保培训效果

对实施培训的管理人员来说，如果没有奖惩机制，培训流程就容易流于形式，参加培训者也没有什么后顾之忧，从而忘记自己的责任，导致发生"走过场"的现象。因此，将培训效果与考核评估相结合并设立奖惩机制，一方面可以避免培训流于形式，并使其不断完善；而另一方面，对于一些培训效果优秀的员工施行激励措施，即可使其积极地参与到培训之中，进而不断地改进工作技能，提升培训效果。

总之，企业培训是企业建设中风险最小、受益最大的战略性投资之一，这不但体现了企业对员工的重视，而且会给企业未来的发展提供充沛的动力。因此，企业应当重视培训并建立一整套完备的培训体系，使得企业能够进入良性发展的循环之中。

需求分析，员工培训成功的关键所在

员工培训作为企业的人力资源投资，其成败在很大程度上取决于对培训需求进行的分析。这是因为，明确培训需求是整个培训过程中的第一个环节，决定了培训的方向或目标是否正确。

因此，培训需求分析对培训的效果起到至关重要的作用。一些企业的员工培训效果不佳，最重要的原因就在于对员工培训的需求分析没有做到位。

而培训需求分析作为企业培训管理中的关键环节，其成功与否又取决于人力资源部门能否掌握一定的分析技术。因为企业在面对着复杂多变的市场竞争时，培训需求分析的难度明显增大，这要求人力资源管理者迅速适应环境变化，并对培训需求分析的方法和工具做出一定的改变，以便做出及时、恰当的培训安排，进而帮助员工在培训的过程中掌握更多的能力来应对复杂的环境，不断保持企业所具有的竞争力。

一般的培训需求分析技术应该从企业分析、工作岗位分析和人员分析等方面入手，去查找其中的绩效差距，具体来说，包括以下几点。

1. 培训需求分析的基本分析框架

首先，查找绩效差距。由于企业的工作岗位要求的绩效标准与员工实际工作绩效之间存在着差距，而这种差距会导致员工工作效率降低，阻碍企业的发展；因此，只有找出绩效差距，才能明确未来改进的目标，确定能否通过培训手段来消除差距，进而提高员工的工作效率。

其次，寻找差距原因。找出了绩效差距，仅仅完成了培训需求分析的第一步，接下来还必须找到差距的原因。例如，有些绩效差距并不是员工个人原因造成的，而是环境、技术设备或激励制度等综合原因造成的。

最后，确定相应的解决方案。找出差距原因后，我们需要判断应该采用培训方法还是非培训方法来消除差距，这需要由绩效差距原因的分析结果来确定。只有造成绩效差距的原因是员工存在着知识、技能和态度等方面能力不足的时，员工培训才是必要的。

世界500强企业的新晋成员万科集团，被称为中国房地产业的"黄埔军校"。万科从创业以来，一直对员工培训非常重视。例如，万科提倡"学习是一种生活方式"，公司要求每一位管理者都必须成为下属员工的教练、讲师，成为专业骨干和培训的中坚力量，肩负起工作指导、培训推广的责任。

万科特别注重员工培训的系统化，还建立了十分完善的培训制度。同时，万科培训的课程也比较丰富，并建立了"E学院"。其中，"公司治理结构""业务流程""财务管理""品牌战略""销售力训练""创新管理"等课程应有尽有。

此外，万科还按照员工的需要为其设计了不同的培训方式。例如，新员工通过网上的多媒体教学即可进行自我学习并完成在线测试。同时，万科还不断地挖掘和培养企业内部的讲师，创立了以自我设计、自我培训、自我考核为核心的"3S培训模式"。

万科还特别重视后备人才培养体系的建设，并设立了"万科人才库"。输入每一位员工的编号，即可找到该员工的学历、工作业绩、管理类型、心理需求、群众威信、业务能力、培训成绩、发展潜力等相关数据，为人力资源部门选拔人才提供参考。

员工培训一直是企业获得竞争优势的重要方式之一。想要培训带来期望的效果，关键是要对培训进行系统化的管理，以提高员工培训的有效性。

2. 快速进行员工培训需求分析的步骤

（1）查找绩效差距的方法与工具。查找绩效差距是员工培训需求分析的切入点，也就是说，一旦找出员工在某些方面存在着绩效差距，就等于找到了分析目标。主要从下面两个方面着手。

一方面，从直线管理者那里获取信息。由于直线管理者对下属的情况最熟悉，因此，只要对其提供一定的分析工具，就能通过他们获取下属员工存在绩效差距的信息，并辨别是哪些领域存在的绩效问题。

另一方面，直接从员工本人那里获取信息。员工肯定会对自己在工作中存在的问题、困难等方面的信息有着切身的感受，因此，通过他们也能获取一定的重要信息，这些信息对于澄清绩效差距问题有着非常重要的意义。

此外，还应注意，不要害怕花费更多的时间去收集信息、掌握相关信息。有时甚至要根据收集的信息，通过现场观察或对有关人员访谈来进一步发掘信息。

（2）寻找绩效差距原因的方法。当了解、收集员工必要的绩效差距信息之后，我们就可以进一步分析存在绩效差距的具体原因，以便确定相应的解决方案。这需要我们深入思考、反复斟酌，才能对产生绩效差距的真实原因做出相应的判断，进而决定是否采取培训方案以及采取哪种培训方案。

具体来说，查找绩效差距原因可以采用绩效问题原因归类法获得。

绩效问题原因归类法，是把绩效差距中的各类信息与绩效问题原因分析表相比较，根据具体绩效差距信息显示的具体特征，进行一定的比较与思考，最后把其中一些重要的原因进行归类。

产生绩效差距的原因通常分为环境原因和个人原因。环境原因通常包括生产技术设备落后、工作设计缺陷、奖酬制度缺少激励性、沟通不足、上级指导不够等方面的因素；个人原因则分为能力原因以及难以改变的个人特征等原因。

因此，只要发现绩效差距信息符合其中一个项目，就找到了绩效差距原因。不过值得注意的是，绩效差距原因分析表没有什么固定模式，是可以变通的。同时，它既可以模仿，也可以按照企业自身情况适当省略或补充。

（3）制订解决方案。找出了绩效差距的原因之后，自然就找到了解决问题的方案。但在具体操作时，还应对其进一步思考和细化，以便于在培训员工时针对性更强。

比如，对于"个性特征不适应工作"这一条信息，其涵盖的范围很大，既包括员工个性与工作职位不匹配，也包括员工个人懒散或进取精神不足。如果属于这两种因素，对其进行培训就不是恰当的补救方案了。

而如果是由于员工缺乏完成工作的知识和技能，该员工的受训条件又完全具备，那么此时为其制订解决方案并及时进行培训，就显得非常必要了。

此外，在制定员工培训解决方案时，还应当结合企业未来的战略目标、企业组织与技术上的重大变革进行通盘考虑，这样，员工培训需求分析的有效性才会进一步提升。

理智盘点，员工的培训评估

员工培训是为了确保企业员工拥有当前岗位或未来工作所需的技术或能力。对培训效果进行认真、系统地评估，既可判断培训所具有的价值，又能对培训方式、方法进行改进，并对未来的员工培训活动提供一些参考数据。

具体来说，培训评估的目的有下列几点。

（1）对培训的成本、效益进行分析。计算培训项目的成本与收益率，为管理者的决策提供相应的数据支持。

（2）给培训的设计者、管理者和参与者提供相应的反馈意见或建议。

（3）改进培训方案。通过评估，我们能够判断培训项目是否实现了预期的目标，以便及时发现、调整、改进培训项目的优缺点。

（4）对员工培训中所学的技能知识以及在实际工作中的运用情况进行判断。

（5）评价培训员工的成效。找出员工培训项目中收获最大或最小的学员，使得我们能够有针对性地确定未来的培训人选，并积累相关的培训经验。

（6）强化培训机构的地位。通过评估，我们可以让管理者相信员工培训的价值。

总之，评估是培训过程中的关键组成部分。因为只有通过评估，我们才能了解培训项目是否取得了预期的效果或目标，并通过项目的改进来提高员工个人以及企业的整体绩效。

麦当劳公司在培训需求分析方面做得很出色，不仅会针对需要培训的那一部分进行设计，还会对培训的成果进行评估，以确定培训是否能够达到企业所需要的结果。麦当劳公司通常会根据"反应、知识、行为、绩效"这四个层次，对培训做出评估。

第一个层次是"反应"，即在培训课程结束后，大家对课程给出的反应。比如，员工填写的评估表就是收集反应的一种评估方法，人力资源部门可以通过大家的反应来调整培训的内容或方式，以此来满足员工的实际需求。

第二个层次是"知识"，即对员工知识方面的评估。麦当劳公司开设的汉堡大学要进行考试，比如，上课之前会有入学考试，课程进行之中也会有相应的考试，主要是想了解培训内容是否符合企业所要传递的内容。此外，汉堡大学也特别重视员工的参与程度，并将其量化为一个评估方法。因为当员工提出学习，或者是与大家进行互动、分享时，我们即可熟悉他的知识程度，进而在每天的课程中做出调整，以符合他的学习需求。

第三个层次是"行为"，即在培训课程中学到的内容，能否在未来的工作中改变你过去的行为，以实现更好的工作绩效。在麦当劳公司会有一个双向调查，上课前先对员工的职能做出评估，培训3个月之后再做一次评估，以此来衡量培训成果。虽然花费成本较大、分析比较困难等因素导致很多企业没有做到这一点，但麦当劳的汉堡大学一直在努力推动这个部分。

第四个层次是"绩效"，员工培训之后的执行成果与公司绩效有一定的关系。也就是说，员工每经过一次培训，都必须设定出他的行动计划，回去工作之后也必须要执行，执行之后由其主管领导给出鉴定意见，以确保培训与工作绩效能够结合。

在前面的案例中，麦当劳公司采用的就是柯克帕特里克评估模型，它是培训评估中最具影响力的一种模型，并被全球职业经理人广泛采用。该模型具体包括以下几点。

1. 柯克帕特里克模型之反应层面

反应层面是第一层次的评估，指的是参与培训者的一些感受、态度等意见反馈。在对培训员工的反应进行评估时，需注意下列几个方面。

（1）明确调查内容。

（2）设计一些可以作为量化反应的条件。

（3）鼓励培训者写出具体的意见或建议。

（4）实现100%的立即回应率。

（5）发展未来可以接受的标准。

（6）根据标准评价反应并采取适合的行动。

对学习层面评估通常对于培训员工反应方面信息的收集，可以采取问卷、电话跟踪以及课后、课堂讨论等形式，而且应当根据大多数培训员工的反应来对培训效果进行评价。

2. 柯克帕特里克模型之学习层面

学习层面是第二层次的评估，指的是培训之后对员工进行的测试，用以衡量员工对培训内容的掌握程度。这个指标非常重要，也是企业对员工进行培训的具体目标。

这一层次的评估通常可以采用笔试、技能培训和工作模拟等测试方法，也可以采用角色扮演等方式，让培训员工将所学内容表现出来。

在对学习层面进行评估时，企业要对员工培训前后的知识、技能、态度等方面进行全方位的评估。

3. 柯克帕特里克模型之行为层面

行为层面是第三层次的评估，指的是员工在接受培训之后行为发生了哪些改变，即培训员工是否在实际工作中运用了从培训中学到的东西。这也是评价培训效果的一个重要指标。

在使用这个指标时，管理者需要观察培训员工的在职表现，培训员工的自评及其同事、领导的评价。评估应该在员工培训之后的3~6个月内进行，包括工作态度、工作行为的规范性、操作技能的熟练性、解决问题的能力等方面。

此外，在评估中还应对受训员工的工作行为是否发生变化给出明确的判断，然后分析是否由培训导致的，培训员工工作行为的变化程度也是该项评估的内容。

4. 柯克帕特里克模型之结果层面

结果层面是第四层次的评估，指的是员工培训的最终结果是否改善了企业绩效，这涉及对企业绩效改进的监控。通常，这个层次的指标最难评估，因为除了员工培训所带来的绩效之外，还有很多其他因素会影响到企业绩效。因此，在评估这个指标时，需要搜集和分析经济运营等方面的数据。

柯克帕特里克的培训效果评估模型，在很多世界500强企业中都得到了广泛应用。比如美国的电话电报公司就采用了类似的四水准评估，其架构为反应结果、能力结果、应用结果、价值结果；IBM公司也曾在评估训练方案时采用这种评估方式，其架构为反应、测试、应用、企业成果。此外，美国的施乐公司，其架构为进入能力、课程绩效、熟练程度、组织绩效。

经典案例：在"蓝色海洋"中不断成长，IBM员工培训

被誉为"蓝色巨人"的美国IBM公司已经有100多年的历史，这与IBM有着极其出色的员工培训体系是分不开的。甚至在新员工的培训中还流行这样一句话："无论你进IBM前是什么颜色，经过培训之后，都会变成蓝色。"这充分说明了IBM公司具备了非常高效的人力资源培训体系。

也就是说，每一名进入公司的员工经过培训后，都能够接受IBM的价值观，并将IBM的"蓝色血液"注入"新蓝"的思维中，成为IBM庞大的"蓝色军团"中的一部分。

在IBM，公司每年在员工培训上的投资非常巨大，培训费用占到公司年营业额的1%~2%。每名员工每年至少会有15~20天的在职培训时间，员工培训包括新员工培训、经理人培训、国际化技能培训和领导人培训等。

◎ 培养"新蓝"——新员工培训

有些业内人士曾戏称，IBM公司可以称作IT业的"黄埔军校"。那么，IBM对新员工如何进行培训呢？答案是"魔鬼训练营"，因为新员工的培训过程十分艰辛。

例如，除了行政管理类新员工只有为期两周的培训外，其他销售、市

场和服务部门的新员工都要经过为期3个月的"魔鬼式"训练，其中包括熟悉IBM内部工作方式、产品和服务，团队工作和沟通技能、表达技巧等综合素质培训。而销售和市场部门的新员工，还要以模拟实战的方式来学习IBM是如何做生意的。

此外，在IBM，每一位新员工都要接受技能评估，并制订个人发展计划。同时，人力资源部门会跟踪员工计划的实施，并考评未来目标的实现情况。新员工培训结束后，会按照岗位需要和个人能力被分配到相关的部门。

新员工在工作中，经理或主管领导针对新员工的指导计划就会展开，以帮助他们分享老员工的知识和经验。新员工也可以通过公司内部的局域网络自学。拥有一个庞大、全面的培训系统一直是IBM公司的骄傲。

不但如此，以"培养IBM的未来之星"为目标的"个人发展链"，也将伴随着新员工在IBM公司不断成长，直至他们能够勇担重任。

于弘鼎在大学毕业后，经过层层选拔，终于进入IBM公司。随后，于弘鼎参加了由公司统一进行的新员工培训。他所在的班有40多人，其中有很多都来自于斯坦福等名校。

由于包括讲课、考试、现场模拟案例等培训，使用的语言都为英语，而当时于弘鼎的英文还不流利，并且IBM的新员工培训实行淘汰制，因此，他压力很大。为了弥补自身的劣势，他晚上睡觉的时间很少，抓紧一切能利用的时间看书、查资料，经常熬夜到两三点钟。

经过辛苦的"魔鬼式"培训之后，于弘鼎终于顺利过关，他的培训考核成绩丝毫不比名校出身的同事们差。对此他这样总结："我发现我在巨大的压力与挑战面前，潜力被充分挖掘出来了。"因此，于弘鼎认为，这样紧张的培训经历不但使其学到了知识、培养了自信，而且使其懂得了如何在重压之下挖掘自己的潜能。

但初出茅庐的于弘鼎，在之后的实际工作中还是遇到了一些困难，比如写一份像样的工作简报。于是，他的经理立刻为于弘鼎提供做简报的机会。就这样，在经理的大力支持下，于弘鼎的工作技能迅速得到了提升，同时他变得更加自信。

于弘鼎每年还会为自己制订工作计划，而他的上司会就计划的执行情况与他一同总结、探讨。比如，哪些工作做得很出色，哪些地方需要改进与加强，他都会得到上司对自己的指导。

就这样，于弘鼎在IBM工作了20多年，前后换了十多个岗位。这是因为，IBM的员工可以在公司内部有多种岗位的选择，而一项工作做久了，肯定会带来乏味的感觉。因此，他几乎每两年就会换一个岗位。同时，每一次岗位的变换都给他带来了新的学习机会和新的历练。

后来，于弘鼎在经过不断地成长、历练之后，他担任了IBM华东、华中区总经理，成了IBM公司中一名高级"深深蓝"。

◎ "深蓝"之路——经理人培训

IBM的经理人培训是为IBM的优秀员工或是非常有潜力的员工专门提供的培训。一般分为两种：一种是员工升任经理之前提供的培训，即本土化的培训；另一种则是为员工升为经理之后提供的培训，是全球统一的培训，为期1年，通常采用在线学习的培训方式，同时也会为参加这类培训的经理各自指定导师来辅导学习。

◎ "国际蓝"——国际化技能培训

为了能让员工成长为具备全球化视野、思维以及行为方式的高级人才，IBM公司非常重视对员工实施国际化技能培训。这通常需要经过以下两个阶段。

1. 让员工走出去接受培训

第一阶段，是让需要培训的员工通过各种国外培训等机会，来全面了解自己与全球其他专业人才的差距。很多员工在经过国外的工作与培训后，彻底改变了以前对自己、公司以及伙伴关系的看法。

2. 在新环境、新领域工作

第二阶段，是将具备潜力的员工派遣到一个新的国家，使其在完全陌生的环境下工作。同时，公司还会安排员工担任与之前完全不同的工作，而这项工作正是为了提高员工所欠缺的某种能力与素质。

这样的话，那些能够真正适应陌生环境与新工作并做出良好业绩的员工，才是真正有国际化领导才能的"国际蓝"。

由此可见，IBM作为全球最大的国际化跨国公司之一，能够以跨越国界的工作来锻炼、培养有潜力高层主管的全球化观念及工作经验，进而不断增强IBM公司的全球竞争力。

◎ 造就"深深蓝"——领导人培训

纽约的《经理人杂志》曾对全球500强公司进行了领导者才能评比，最终，IBM公司被评为"发展领导才能的最佳公司"。

IBM在公司内部实施了"接班人计划"，即所有的重要职位都会有一个"接班人计划"，以培养、造就"深蓝"中的"深蓝"，即"深深蓝"，为IBM公司培养领导人。

为了执行"接班人计划"，人力资源部门每年都会选出20%的优秀员工作为公司重点培养的"未来之星"。然后公司会对他们做出包括参加经理培训、做高层主管的助理以及参与不同工作岗位演练等多种安排。

而对于"深深蓝"应具备的素质，IBM公司曾进行过全面的调查研究，最终认定了11项能力或行为，来作为包括高层领导人在内的所有领导层所应具备的领导才能。

具体包括以下行为或能力：行业洞察力、创新能力、为完成目标的坚持能力、团队领导能力、直言不讳、团队精神、决断力、培养组织能力、教导或培养人才、工作奉献度和对业务的忠诚。

围绕着这11种特质，IBM公司设立了周密的调查问卷，以考查他们处理事情的能力等情况，成绩从强到弱被分为5个级别。问卷分别由被考查对象本人、下属、同事、领导和客户等人填写，公司会对问卷进行严谨的汇总、分析和评估。

此外，在美国总部，IBM还设立了一个高层领导人培训中心，专门针对IBM全球高级领导人开设培训课程。成员包括直接向CEO汇报的高层经理在内的所有IBM的高层经理人，他们就这11种领导能力进行学习、培训，使其能够正确地评价自己，并制定出提高领导艺术的个人职业规划。

第六章
做好有效沟通，员工关系的管理

员工关系管理是人力资源管理中的一项重要工作。良好的员工关系，可以让员工在心理上获得一种满足感，对公司产生强烈的依赖性，还有利于提高员工工作的积极性和对职业的忠诚度，进而产生长久服务于公司的意愿。因此，人力资源部门应做好有效沟通，使企业与员工之间保持良好的关系。这种沟通应多采用柔性的、激励性的和非强制的手段，以提高员工的满意度，进而顺利实现企业管理目标。

以员工为中心,员工关系管理的最高境界

"员工关系"最早来源于西方人力资源管理体系。由于早期西方的劳资矛盾十分激烈,双方之间对抗特别严重,给企业的正常发展带来了很多不稳定因素;因此,管理方逐渐认识到缓和劳资冲突、改善员工关系以及加强内部沟通和协调员工关系的重要性。

在人才高度竞争背景下的当今社会,如何留住优秀人才并使其在企业中发挥出最大的潜能,已经成为人力资源管理中面临的重要挑战。这就需要企业与员工之间建立一种和谐、双赢的员工关系。

1. 处理好员工关系,需要团队成员之间的相互理解与尊重

企业要建立一个良好的员工关系,就必须对员工予以充分地理解、信任、尊重和支持。只有这样,员工才能在工作中形成一种良好的工作氛围,进而更好地支撑企业实现目标与任务的有效执行。

2. 处理好员工关系,需要企业成员的参与和互动

员工参与和互动可以为员工关系注入活力,并帮助企业更好地做出决策。这是因为,如果能让更多的员工参与到决策的制定中,他们就更容易接受企业的相关决策。

3. 处理好员工关系，需要管理者具备优秀的管理技能

一位优秀的管理者应具备专业技术、关系处理与概念设计等技能。因此，要想处理好员工关系，管理者应该在实际工作中注重自身管理技能和素质的提升，从而能在复杂多变的环境中，客观地评价员工的工作能力，引导他们的心理和情绪，以形成良好的员工关系。

4. 处理好员工关系，需要员工之间顺畅地沟通

当员工之间发生冲突时，有效地沟通是解决问题的最佳途径。因此，在处理员工关系时，管理者可以采用正式书面报告、定期沟通会、成立相关委员会等多种沟通方式，增强企业与员工以及员工与员工之间的相互理解和信任。

世界500强企业欧莱雅公司，拥有"弥漫着诗人的想象力与农民的实干精神"相结合的工作氛围，在这里绝对没有什么官僚主义者，也没有工作中所谓的扯皮现象。这是因为，欧莱雅公司拥有非常健全的沟通体系，比如使其引以为豪的"会议制度"。

关于这一点，一位欧莱雅的高管介绍说："欧莱雅不惜花费巨资，为公司各个阶层的员工提供了各种跨国、跨洲面对面开会交流的机会，这是欧莱雅的特色。"

典型的"欧莱雅会议"，就像是欧莱雅"诗人们"的"咏诗会"。他们在这里头脑激撞，并撞击出很多充满智慧的火花，富有激情的思维在这里永远都不会受到束缚，这里成为欧莱雅思想创新与管理创新的大熔炉。

也就是说，欧莱雅拥有十分系统、健全的会议制度，并将各种员工会议作为"面对面"的最佳沟通渠道。但这并不等于公司推崇"会山会海"，这与"农民的实干精神"价值观背道而驰。

因此，欧莱雅为开好各种员工会议不惜花费巨资，支付数量庞大的差旅与会议费用，只是为了方便来自于不同地区的欧莱雅员工坐在一起，面对面

地展开交流与沟通。

欧莱雅公司还专门设有"内部公共关系"的岗位，负责公司内部员工以及欧莱雅中国与巴黎总部之间的沟通，这种模式也在欧莱雅的全球公司通行。他们通过对员工的调研和满意度调查等相关资料来了解员工对公司、工作的满意度，组织公司跨部门员工之间的沟通活动，并设有特别预算来支持员工开展各种活动。

欧莱雅中国的总裁非常重视与员工保持及时沟通，他会经常给员工发送电子邮件，也会经常与员工进行面对面的沟通。例如，在新员工上岗培训时，他都会到场，与新员工进行面对面的长时间沟通。

此外，在欧莱雅的日常会议中，大家都会踊跃发言、各抒己见，甚至把一些富有专业智慧、尖锐严厉的问题抛到管理者们的面前，让他们当面回答。如果员工认为某种事情不公平，则可以通过多条渠道向领导反映。比如到人事部投诉，甚至可以给总裁写匿名信来反映具体的问题。

正是由于欧莱雅拥有开放、平等的沟通环境，鼓励员工与自己的上级主管进行公平的争论，并营造出一种公平、活跃的沟通氛围，因此，欧莱雅公司不断发展壮大，并成为"人类的美容师"。

5. 处理好员工关系，需要关注管理细节

管理者在日常的管理中应注重细节，对员工投入细致入微的关怀与理解，进而为企业战略目标的实现奠定一个良好的员工关系基础。

总之，员工关系管理虽然十分琐碎，却是人力资源管理中颇具实用价值的一项内容。这一工作如果能够做好，就可提高员工的满意度，提升员工的劳动生产率和管理绩效，留住企业的人才，进而为企业的发展提供动力和保障。因此，员工关系管理，正被越来越多的企业管理者所关注和重视。

员工关系管理的重要性

当员工进入企业并成为其中的成员后,就进入员工关系管理的框架中。员工关系在企业公共关系中占据着非常重要的地位。因为员工是企业的主体,是最宝贵的财富,因此企业内部的公关工作也都是从员工关系开始的。

通常情况下,如果一个企业的员工团结一致、互相配合,各项任务就会完成得比较好,而且容易取得好的绩效;反之,企业中的员工关系处理不好,就会使得内部矛盾重重、步调不一,进而导致各项工作难以开展,企业目标也就很难实现。

英特尔公司非常重视内部员工沟通体系的建设。例如,英特尔公司在总部专门设立了一个"全球员工沟通部",以促进英特尔沟通体系与团队的发展。

同时,英特尔公司内部采取开放式的双向沟通模式,既有"自上而下"的沟通,又有"自下而上"的沟通。其中,"自上而下"的沟通主要指公司管理层面与普通员工之间的沟通,具体包括网上直播、季度业务报告会、员工一对一面谈、员工简报、定期的部门会议以及全球员工关系调查等方式。

这样可以避免一些经理级别的关联人员对员工采取不适当的方式，从而保护员工的基本权利。

不管是"自上而下"还是"自下而上"的沟通，英特尔公司的目的都是为员工构建起一套完整的沟通渠道，并且根据这些渠道所获得的消息或听到的反馈与建议，采取后续的一些行动，给员工一些满意的答复。

同时，英特尔公司由结果导向的价值观还要求员工建立富有挑战性和竞争力的目标，不但重视结果，还要勇于承担责任。即便是员工有不同的意见，公司也会鼓励员工采取"建设性的对抗"与同事或上级领导进行有效沟通，以求找到解决问题的最终方案，并确保该方案能够顺利执行。

例如，英特尔倡导员工将所有有争议的问题集中摆到桌面上，大家面对面地沟通。在会议中，无论员工职位高低，都能展开对抗性的讨论。也就是说，不论级别、部门、辈分，都能提出各自不同的真知灼见。其原则可以总结为："积极、直接、及时、对事不对人，并保持开放的心胸。"

不过，英特尔建设性对抗的根本原则是必须针对工作中的事情与问题，而不是具体针对某一个人。比如，"这绝对是你的错""我绝对不会相信你"之类的话非常不合适；而正确的说法，可以这样表达："我不同意您的观点，理由是……"

这是因为，沟通中的"对抗"是为了寻求问题的解决之道，而不是对他人进行人身攻击。因此，进入英特尔公司的新员工都会接受"建设性对抗"的相关培训，通过学习正确的对抗之道，公司的优良传统能够继续发扬下去。

英特尔公司通过系统的沟通渠道使员工进行有效沟通，"建设性对抗"为解决问题提供最佳的解决之道，这种非常有效的员工关系管理策略，能为员工营造出一种良好的工作氛围，并成为英特尔公司称雄全球高科技芯片产业的秘诀之一。

我们从这个案例看到，企业若想实现其既定目标，绝不可能仅仅凭借个人努力，而是应该依靠全体成员齐心协力来完成。也就是说，企业与员工之间应该是唇齿相依的关系。只有员工关系变得非常协调、顺畅，员工才能发挥作为企业"细胞"的内在动力和无限潜能。

具体来说，做好员工关系管理对企业有以下几点好处：

1. 协调与改善企业内部员工之间的人际关系

员工关系管理就是要打通企业内部员工之间的信息交流渠道，以消除彼此之间产生的误会与隔阂，相互联络感情，从而在企业内部形成一种互相交流、互相配合、互相支持、互相协作的人际关系。这种人际关系一旦形成，就能通过员工关系管理营造出一种良好的工作氛围，进而成为提高员工的工作效率、推动企业不断发展的强大动力。

2. 树立员工的团队价值观

员工的团队价值观是决定企业发展壮大的重要因素，对于塑造企业形象同样具有非常重要的作用。同时，企业的价值观念是经过对员工的长期培养才逐步形成的。因此，通过员工关系的管理，企业就能够逐步精心培育全体员工都认同的价值观念，进而对企业的经营决策、领导风格以及全体员工的工作态度和作风起到一定的积极作用。

3. 增强企业对员工的凝聚力

企业通过员工关系管理，让每位员工从内心中真正把自己归属于企业之中，即为企业的荣誉和利益着想，使得企业内部的所有员工都能"心往一处想，劲往一处使"，进而形成一股强大的凝聚力。

4. 塑造企业形象的基础

我们在很多情况下，都是通过接触员工来了解这个企业的，例如员工的待人接物、言行举止，甚至气质、风度，都会直接或间接地向外界传播企业的信息。同时，企业的员工最了解本企业的产品质量与服务方式，如果他们能够率先购买本企业的产品和服务，就会变成本企业产品的消费者，这种现身说法的行为就能更好地塑造企业形象。

美国一家调查公司发现，很多顾客对于IBM公司非常忠诚，其原因就在于IBM员工为他们提供了良好的服务态度。另外，美国的迪士尼公司也特别重视、协调员工关系，在"让员工具有高度满足感"的宗旨下，迪士尼公司将员工统称为"主人"，例如"饮食主人""保安主人""市容主人"等。这样做的目的是让员工热爱自己的公司、热爱自己的工作，进而善待每一位前来游玩的顾客。

综上所述，IBM公司与迪士尼公司之所以具有卓越的企业形象和声誉，是因为它们在员工关系的协调上别具一格，并进行了相当大的投入。员工关系协调是企业取得成功的基础，因为企业的所有目标、利益、计划、政策、措施和活动，等等，都要通过员工的具体行为来加以实现和推进。

如何管理企业中的"明星员工"

深圳有一家主要从事电信产品的贸易公司，主营业务是电信终端产品的贸易，从国内采购，然后通过空运等方式直接发送至国外用户。其优势在于起步较早，在国外还有相应客户的积累以及交易方面的丰富经验。

但最近几年，人力成本以及采购成本不断上升，导致这家贸易公司的利润率开始直线下滑。

业务员李斌是这家公司的"明星销售人员"，他为公司创造了大量的利润，属于"明星员工"。但他的为人非常傲慢，与其他销售人员相处不好，甚至对他的顶头上司——销售经理刘强布置的任务也不太搭理。

最近，公司利润出现了总体下滑，李斌的销售业绩虽然也随着大环境下滑，但在公司销售额中仍占有较大比例。刘强尽管对他很不满意，但因其在公司的重要性，暂时也没有想好具体的解决办法。

一次，李斌在公司年度销售业绩表彰会上，获得了销售第一，并得到了一笔可观的奖金。按照公司惯例，无论是谁获得销售奖金，都应该请其团队所有销售人员一起吃饭和唱歌，以促进团队氛围。

于是，刘强就向李斌提出了这个要求。李斌却表示，自己只能请刘强一个人吃饭。同时，他还提出涨底薪的要求，否则就跳槽。当然跳槽之后，公司的一些大客户也极有可能被李斌带走。

刘强对此非常困扰，李斌的做法已经让他的团队变得越来越不和谐。只给李斌一个人涨薪，其他成员肯定难以接受。但是如果不涨薪，则李斌一旦跳槽，公司的业绩就会面临更大的考验。

这个案例涉及一个问题，那就是如何管理公司的"明星员工"。其实，"明星员工"的存在根源不在于员工自身，而是在于企业本身。

对于像李斌这样的员工，企业首先要加以安抚，即先肯定他的工作业绩和优点；然后再与他加强沟通，了解、学习他成功的关键因素。因为刘强一旦开除了"明星员工"，业绩压力会更大，而且可能会给公司造成巨大的损失。

留住李斌是为了保障公司的整体业绩不受太大的影响。另外，刘强还要在现有的销售人员中，找出有成为"明星"潜质的人员并加以大力培养。如果没有发现一些有潜质的销售人员，企业就必须要果断招收一些能力出众的新员工，并逐渐使其变成"明星员工"。

而当自己团队中的"明星销售"变多了之后，那么，在多数情况下，原有的"明星员工"就会变得越来越好管理。如果此时"明星员工"不选择改变，开掉他就轻而易举了。总之，在新人中发现和培养"明星销售"，是有效应对"明星员工"的绝佳方法。

招人、用人、留人，一直是人力资源管理中永恒的主题。"明星员工"的优点肯定很多，比如，在执行能力、业务能力以及业绩回报等方面对企业的价值都很高，但也会存在下列负面问题。

（1）自身很容易膨胀。

（2）总在员工面前摆出一副老资格的架势，甚至会排挤新员工。

（3）对其他员工来说，"明星员工"的经验无法复制，也很难变成公司的工作体系。

(4)人事成本变得越来越高。

(5)感觉自己的能力强,因此受到外部的诱惑也越来越多。

(6)会有意或者无意地控制公司的一些资源,其他人很难插手。

(7)知道了很多该知道的事情,同时也知道了很多不该知道的事情。

"明星员工"通常都不容易管理,但他们对企业的贡献可能非常巨大。他们确实给管理者带来了很难处理的问题,因此,管理者需要善用他们的长处,同时又不能破坏团队精神,并尽力降低其行为对团队中的其他人造成的间接伤害。

那么,我们应该如何管理企业中的"明星员工"呢?

1. 用其所长,避其所短

有效的管理者应该明确,他们用人是为了取得最大的绩效,而不是为了别的目的。也就是说,管理者应该让"明星员工"的长处更加突出,同时使其短处不影响工作。而能力越强的人,其短处往往也越多。我们确定无法避免"明星员工"的短处,但是可以做到不让他的短处任意凸显出来。

例如,将"明星员工"的绩效标准定得足够高,目标更具有挑战性并切实可行,以充分发挥"明星员工"的作用。也就是说,企业应充分利用"明星员工"来提升整个组织的视野、愿景、期望以及取得绩效的能力。

2. 发挥"明星员工"的传递作用

让"明星员工"不满足于自身当前的能力水平,从而不断提升自己的能力,最好的方法就是让"明星员工"为其他同事当老师,也就是将"明星员工"推到内部培训师的位子上。这同样能够最大限度地激发其自豪感。

例如,让一个成功的"销售明星"站在他的伙伴面前,并告诉他们:"这就是我最行之有效的方法。"因此,最有价值的"明星员工"不仅需要做自己的工作,而且要教其他员工如何做工作。同时,这也是促进"明星员工"自身能力不断提升的平台。

3. 将团队中能力强的员工发展成为"明星员工"

对于能力薄弱的领域，我们不应该花费更多的精力去提升，反而应该将精力集中在拥有较高能力和技能的领域。因为从没有能力提升到中等能力，要比从优秀到卓越付出更大的精力和努力，但大多数人总是试图花费更多的能力将没有能力的员工提升到中等水平。而实际上，我们应该集中精力将资源投向那些有能力的员工，让他们成为"明星员工"或者具备"明星员工"的一部分能力。

4. 招收一些"空降兵"

如果一个团队很长时间都没有注入新鲜血液，就会变得"死气沉沉"。因此，企业应招收一些能力不在"明星员工"之下的"空降兵"，就会让整个团队重新焕发活力；同时，对整个销售团队优胜劣汰。这样就可以不断提升整个团队的业绩水平。

有法可依，处理违纪员工的正确方式

在很多企业的日常管理中，员工违纪现象时有发生，如果处理不当，则往往会引起员工不满，轻则向相关行政主管部门投诉，重则提起劳动仲裁以及向法院起诉，使得企业受到经济损失。

因此，人力资源部门妥善处理员工违纪等容易引发劳动纠纷的问题，就显得非常重要了。

那么，我们如何判断员工的行为是否违纪呢？除了相关的法律、法规以外，最主要的判断标准或判断依据就是公司内部的规章制度。因此，必须要保证公司相关的规章制度的合法、合理和可操作性，这关系到公司能否据此处理员工的违纪行为或解除与员工之间的劳动合同。

根据《劳动合同法》第四条的规定，用人单位在制定、修改或者决定有关劳动报酬、工作时间、休息休假、劳动安全卫生、保险福利、职工培训、劳动纪律以及劳动定额管理等直接涉及劳动者切身利益的规章制度或者重大事项时，应当经职工代表大会或者全体职工讨论，提出方案和意见，与工会或者职工代表平等协商确定。

在规章制度和重大事项决定实施过程中，工会或者职工认为不适当的，有权向用人单位提出，通过协商予以修改完善。用人单位应当将直接涉及劳动者切身利益的规章制度和重大事项决定公示，或者告知劳动者。

也就是说，企业有自己的用工管理自主权，但要制定好相应的规章制度。同时，相关规章制度的制定除须按照《劳动合同法》第四条规定依法履行民主程序外，还应依法向劳动者告知或公示，并注意保留履行民主程序及告知的相关证据；否则，根据相关法律规定，日后发生纠纷时，该规章制度将对违纪员工没有法律约束力。

此外，企业规章制度的内容要明确、具体、合法、合理并具备可操作性，即根据不同行业、部门、岗位的实际情况及特性制定不同的管理制度，并做到细化和量化的标准。例如，对于相关法律、法规规定的诸如"严重""重大"等工作行为，应有明确的量化标准。

某公司解除了与员工李某签订的劳动合同并将其开除，理由是该员工经常上班迟到、早退，公司对其进行了多次的批评教育，李某仍然未能改正。

李某否认公司解除劳动合同是由自己的上述行为所致，于是来到当地的劳动争议仲裁机构进行申诉，后来又向人民法院起诉，要求公司撤销相关决定。

在后来的审理中，公司出示了与李某同一办公室的另两名员工的书面证明，但没有提供足以证明李某经常迟到、早退并屡教不改的证据，而且这家公司没有健全的考勤制度。

最终，法院认定该公司解除李某劳动合同的决定缺乏事实依据，因此判决该公司撤销这项决定，双方的劳动关系也重新恢复。

我们从这个案例中看到，公司在处理一些员工的违纪行为时，必须要做到"有法可依"，即是否具备对该违纪员工进行处罚的相关法律依据或规章制度依据；否则，就如案例中的公司决定被驳回一样，给公司造成一定的损失。

那么，当公司员工出现违纪行为时，我们应该采取哪些措施呢？

1. 找出公司制度依据

查看公司相关的规章制度或管理规定，以找出对该员工违纪行为进行处罚的相关依据。

2. 找出法律依据

如果不能从公司相关规章制度中找到依据，就需要进一步核实是否能找到相关法律法规依据。

某公司员工刘某持公司内部的调令来到厂区内的新岗位报到，但他在上班后没多久，就无故缺勤近一个半月，而且没有办理请假手续。

公司鉴于刘某长时间旷工，就在他旷工期间采取了限期返回等形式的教育措施，但刘某仍然经常无故缺勤。公司于是依据合同的相关规定，对刘某做出了开除的决定。

刘某不服，以缺勤事出有因，公司没有能够事先警告等为由，向劳动争议仲裁机构申诉，要求撤销开除决定。

随后，劳动争议仲裁机构对此案进行了审理。最终认定刘某旷工事实确凿，已经达到了非常严重的程度，而且该公司在刘某旷工期间已经采取了限期返回等形式的教育措施，因此，仲裁委驳回了刘某的申诉。

3. 收集证据

企业要核实是否有员工违纪的相关证据，如果没有，则需要搜集相关证据，并将证据及时保留存档。这样即可为将来产生损害赔偿或解除劳动关系等行为提供相关证据支持。

4. 处理方式，应"先礼后兵"

在经过调查确定员工构成违纪并决定对员工做出处理时，为了避免矛盾激化进而导致更高的风险，相关责任人应先与违纪员工进行一次面谈，将处理决定和理由向其做出充分的解释、说明。

在面谈时，应注意以下事项。

（1）在与违纪员工面谈时，责任人可以先肯定违纪员工的优点，进而引出其缺点及其违纪行为，并对其加以批评、教育。

（2）当指出该违纪员工的错误行为时，需要指出相关的事实证据或理由，并以法律、规章制度为依据，使其心服口服。

（3）访谈时还应注意，要防止员工因情绪激动而当场损坏证据，所以不要向其提供证据原件。

（4）要注意选择面谈的时机，控制谈话的进程、时间，并注意员工的情绪，最大限度地避免激化矛盾。

（5）面谈时应注意倾听对方的陈述，给予对方申诉、辩白的机会，但不能轻易做出任何超出自己职责范围的承诺。对于一些拒不配合的违纪员工，还要考虑对其进行电话录音。

综上所述，在对员工进行违纪处理时，企业要通过多种渠道来调查、了解真实情况，必要时可由相关证明人就其陈述内容进行书面确认。同时，为了避免日后当双方出现纠纷时，企业缺乏处罚依据的合法条件或者员工违纪证据不充分等问题，企业应该在日常管理中设置详细有效的规章制度，并且依法予以公示。

此外，公司还应该对违纪处理程序形成可行性的书面文件，并保留相关证据，以实现公司的高效管理，进而降低企业的用工风险。

经典案例：惠普之道，信任和尊重员工

惠普公司拥有的经营管理理念和方法，被称为"惠普之道"。同时，惠普公司更以对员工重视、尊重与信任的企业精神而闻名于世，甚至英国女王伊丽莎白访美时提出参观的唯一一家公司，就是惠普公司。

如今，惠普公司已经成为拥有10多万名员工的大公司，即使如此，它仍能在不断发展中保持与员工的个人感情。

这令惠普公司的员工有着极强的凝聚力。当来到惠普公司的任何机构时，我们都能感觉到惠普员工始终身处在一种友善、随和且很少有压力的氛围中。例如，在挤满各个阶层员工的自助餐厅内，你只需花费3美元就能够享受十分丰盛的午餐。在员工们不断洋溢的笑声中，人们仿佛置身于大学校园的餐厅中。

在惠普公司，我们经常会遇到很多欢欣鼓舞的事情。比如，我们总能看到一群员工在为某个员工庆祝生日，或庆祝什么高兴的事情。公司还会每天免费供应咖啡和油炸圈饼，不定期开展啤酒狂欢。

一家调查公司曾访问了惠普公司的7000多名员工，调查他们对公司的看法。调查结果显示对惠普的评价非常高，这甚至连惠普公司的高层都觉得难以置信。

原来，该公司的调查结果是这样的："员工对惠普公司的发展非常乐观，尤其是他们的归属感与幸福感非常强烈，并且会心悦诚服地推荐本公司为最好的工作环境。过去的25年内，在我们所做的100余家美国公司的研究中，没有比对惠普公司的评价更高的公司。"

此外，该公司还对惠普公司的20位高管人员进行了一对一的面谈，其中有18位都主动提出，惠普公司的成功正是依靠"重视员工"这个屡试不爽的宗旨。于是，有人将惠普的这套做法称为"惠普之道"。

实际上，"惠普之道"就是关怀每一位员工，尊重每一位员工的价值，并且承认他们所取得的成就。

惠普公司重视员工的宗旨源远流长，直到如今还在不断进行自我更新。尽管惠普公司的目标总在不断更新、修订，但每次都会重申公司始终不变的宗旨："组织的成就乃系每位同仁共同努力的结果。""惠普不应采用严密的军事组织方式，而应赋予全体员工以充分的自由，使每个人按其本人认为最有利于完成本职工作的方式，使其为达到公司的目标做出各自的贡献。"

惠普公司在实际的管理中，其工作方式表现得极为特殊。例如，公司根本没有时刻表，也不进行考勤。员工可以从早上6点、7点、8点，甚至10点开始上班，但只要完成每日8小时的工作即可。这样做的目的，就是让员工可以按照个人生活规律来调整其工作时间，同时也表现出对员工的信任。

在信任员工方面，下面这个例子表现得非常明显。惠普公司有很多开放实验室的备品库，里面存放着很多电气和机械零件。为此，公司特意设立了这样一项"管理条例"：工程师们在工作中可以随意选取零件，而且还可以将这些零件带回家里供个人使用。

因为惠普公司认为，无论工程师们带走这些零件，是否与他们从事的工作项目有关，他们都能学到一些东西并提高自己的技能，这实际上等于加强了公司对员工在创新领域的支持。

曾有一个传说，说总裁比尔·休利特先生在某个周末来到一家分厂视察，他看到实验室内备品库的门被锁住了，于是立刻让人取来一柄螺栓切割剪，将备品库门上的锁剪断。

到了星期一早上，员工上班之后看到了总裁留下的条子，上面写着："请勿再锁此门。谢谢，比尔。"

我们从上述案例中可以看到，惠普公司对员工非常信任和尊重。而且无论员工身处何位，大家都不必拘礼，可以彼此直呼其名。惠普员工都为能在这样一个平等、和睦的集体中工作而感到心情十分舒畅。

此外，惠普公司员工彼此之间也都非常信任。例如，产品设计师们无论在做什么研究，都会毫无保留地放在自己的办公桌上，谁都可以过来研究一下，甚至还能无所顾忌地对他们的发明评头论足。

惠普公司的用人政策是：给你提供永久的工作，只要表现良好，公司就永远雇用你。惠普公司还特别重视与员工"有福同享、有难共担"。因此，在惠普公司创办之初，高层就决定不能采取"用人时就雇人，不用时就辞退"的原则。后来，惠普公司经历了数次经济衰退和金融危机，遭遇了严峻考验。但公司始终没有裁员，而是凭借包括高层在内的全体员工一律减薪20%，才最终渡过了危机。

惠普公司曾有意购买一家工厂，这家工厂的主管套房非常华丽，办公室和实验室都装有空调系统，唯独生产部门没有空调。惠普公司几经考虑，最终打消了收购的念头。至于原因，其实很简单：惠普公司认为所有的场所都应当装设空调系统，只将空调装在办公室，而不是装在非常重要的工作场所中，是不可思议的事情。

惠普公司不但注重与员工"患难与共"，而且坚持"有福同享"。例如，惠普公司的薪金与福利政策非常丰厚，即便是最底层的员工，待遇也非常丰厚，并且公司尽量让他们的薪水高于其他公司。

同时，惠普公司还为员工及其家属设立了一个游乐区。为完成这项计划，惠普公司买下了位于圣克鲁斯山的"小盆公司"，来作为员工年度野餐的场地。后来，周末野餐逐渐演化为惠普公司的一项传统，而且公司的游乐区也增加到了十几个。其中，科罗拉多州三个，宾州波柯诺山一个，马来西亚海滨别墅一幢，苏格兰一处大湖区，以及德国阿尔卑斯山的一座滑雪山庄。世界各地的惠普员工，如果想要前往上述任何地方游玩，只要事先预约，就能遍览那里的湖光山色。

为此，著名的硅谷之父、惠普公司创始人——比尔·休利特曾说："惠普的这些政策和措施都是来自于一种信念，就是相信惠普员工都想把自己的工作干好，并有所创造。只要给他们提供适当的环境，他们就能做得更好，更有价值；同时，也会让公司变得更有价值。"

第七章

分好蛋糕，设计合理的薪酬福利体系

薪酬福利体系不但能够决定员工的物质条件，而且能作为员工社会地位的重要标志之一。因此，企业薪酬福利体系的公正与否，直接影响着员工是否有工作的积极性。人力资源部门通过制订结构化工资、宽带薪酬，甚至股权激励等战略性薪酬计划，就能够构建出一个公平、科学、多元化的薪酬体系，从而吸引并留住人才。反之，一个不科学、不公平的薪酬体系，就会极大地打击员工的积极性，丧失薪酬的激励功能，进而影响企业的经营效益。

设计一套合理的薪酬体系，需要哪些步骤

王华是一家拖车公司的老板，已经创业5年，目前公司已经发展成为拥有100多辆拖车和数十位司机的当地大型拖车公司。

在公司创业初期，王华与他的下属员工保持着非常友好的朋友关系，并且公司的工资和福利待遇非常好。例如，他支付给员工的工资大约比同行业平均水平高出15%，而且提供给员工其他拖车公司所没有的福利。因此，他的员工在工作中非常积极、主动。同时，王华还要求公司员工统一着装，定期洗车、抛光。这令王华的拖车公司在当地树立起非常好的形象。

但随着公司规模的不断扩大，公司内部出现了一些令王华比较担忧的问题。例如，司机们总是待在休息室里聊天、休息，连接听顾客的电话也不太积极了；而且有的司机总是说还没有轮到自己，让别人去做吧；更令王华感到气愤的是，如果有些顾客的车不是要求立即拖走，那么他的司机们就会拖延至晚上再去拖，这样，他们就能够轻松地得到一倍半的超时工资。

现在，王华特别急切地想要为公司设计一套科学、合理的薪酬体系，来激励他的员工，那么，他应该如何去做呢？

我们从这个案例看到，王华的公司尽管为员工提供了高工资和高福

利，但显然这些还远不能有效地激励他的员工。因此，对王华的公司来说，尽快设计一个科学、合理且有竞争力的薪酬体系就显得非常重要。

其实，有竞争力的薪酬体系并不意味着高工资和高福利，而是应该首先保证组织内部的公平性以及在市场中的竞争性，最后再考虑与企业规模和效益相适应的体系。

因此，薪酬设计的要点就在于"对内具有公平性，对外具有竞争力"。具体来说，设计出一套合理科学的薪酬体系和薪酬制度，通常要经过下列几个步骤。

1. 职位分析

职位分析是确定完成各项职位所需技能、责任与知识的一个系统过程，是一种重要的人力资源管理技术，也是薪酬设计的基础。

在进行职位分析时，需按照以下六个步骤进行。

（1）确定职位分析信息的用途。

（2）搜集与职位相关的背景信息，并设计组织结构图和职位流程图。

（3）对有代表性的职位进行详细分析。

（4）搜集职位分析的相关信息。

（5）与承担职位的员工共同审查所搜集到的职位信息。

（6）编写职位说明书与职位的相关规范。

2. 职位评价

职位评价是确定具体薪酬的基础，也是确保薪酬体系公平性的重要手段之一，即达到企业的内部均衡。如果企业内部出现均衡失调，则通常有下面两种情况。

（1）差距过大。指的是优秀员工与普通员工之间的薪酬差异，明显大于工作本身的差异，或者是做同等工作的员工之间存在着非常大的差异，这会让那些薪酬低的员工极度不满，进而离职。

（2）差距过小。指的是优秀员工与普通员工之间的薪酬差异，远远小于工作本身的差异。这会大大降低优秀员工的工作效率，或者增加其不满情绪。而薪酬体系中的职位评价就是为了解决企业内部均衡失调这个问题。

一般来说，职位评价有以下两个目的。

（1）比较企业内部各个职位的相对重要性之后，才能为岗位的等级进行排序。

（2）建立一个统一的岗位评价标准。企业在完成职位评价以后，即可根据需要来设计岗位的等级序列。

3. 薪酬调查

薪酬调查主要是为了解决薪酬的对外竞争力问题。企业在确定薪资水平时，需要参考当地劳动力市场的平均工资水平，即通过各种正常手段获取相关企业各职务的薪资水平及相关信息。企业对薪资调查的结果进行统计和分析，就能为企业薪资管理决策提供有效依据。

此外，薪酬调查的对象最好选择与企业有竞争关系的企业或同行业的企业，重点考虑员工的流失去向以及招聘来源。而薪酬调查的数据，必须包含上年度的薪资增长状况、不同薪酬结构对比、不同职位和不同级别的职位薪酬数据、奖金和福利状况、长期激励措施以及未来薪酬的走势分析等，这样即可根据薪酬调查的结果绘制薪酬发展曲线。

同时，薪酬调查的信息必须要保证准确，而且要随时更新。薪酬调查既可以由企业自己进行，也可以委托相关专业机构进行，还可以从有关的公开信息中获取。

4. 确定薪酬水平

完成前面的步骤，即在分析同行业的薪酬数据水平之后，就应根据目前企业的状况来确定薪酬水平了。但影响企业薪酬水平的有很多种因素。

（1）企业外部的影响。例如，国家的宏观经济、通货膨胀、行业特点以及行业竞争、劳动力供应状况等因素，都会对薪酬定位和工资增长水平产生不同程度的影响。

（2）企业内部的影响。企业的赢利能力、支付能力以及对员工的素质要求也是决定薪酬水平的关键因素。

（3）企业的发展阶段、人才稀缺度、招聘难度、市场品牌以及企业的综合实力也是影响薪酬水平的重要因素。

因此，在薪酬水平的定位上，企业可以选择领先策略或者跟随策略。

5. 薪酬结构设计

不同的企业，会有不同的价值观和不同的薪酬制定规则，这些都决定了不同的薪酬结构。因此，企业在设计薪酬结构时，需要综合考虑以下几个方面的因素。

（1）职位等级。

（2）个人的技能和资历。

（3）工作时间。

（4）个人绩效。

（5）福利待遇。

因此，在薪酬结构上可以设计为基本工资、绩效工资、加班工资和薪酬福利。

基本工资应该由员工的职位等级决定。另外，基本工资应设置为一个区间，而不是一个点，这样就增加了工资变动的灵活性，让员工在职位不变动的情况下，随着技能的提升、经验的增加，在同一职位等级内逐步提升其工资等级。

绩效工资是对员工完成业务目标而进行的奖励，即绩效工资必须与员工为企业所创造的经济价值相联系。此部分薪酬的确定与企业绩效评估制度密切相关。

至于加班工资和福利待遇，可根据企业的赢利能力、支付能力等自身特点来制定。

6. 薪酬体系修正

企业的薪酬水平不能总一成不变，而是应该随着企业的发展进行适当的修正。这就需要对总体薪酬水平做出准确的预算。人力资源部可以通过薪酬制度问答、员工座谈会、满足率调查、内部刊物等方式，为员工介绍公司薪酬体系的修正依据。

总之，企业薪酬体系设计是一种战略决策，与企业经营发展方向、行业特点、竞争环境、企业历史和文化等密切相关，因此，在推行新的薪酬制度时必须要慎重。

掌握薪酬谈判技巧，实现双赢

某公司人事经理在面试一位研发工程师刘先生时，彼此都比较认可。随后他们谈到了薪酬，刘先生的报价是月薪8000元。但公司对该类岗位的薪酬标准定位是月薪10000。

人事经理觉得自己不需要提高刘先生的薪酬，于是爽快地答应了对方的要求。等到刘先生上班后，才发现与自己相同岗位的员工工资是10000元。

于是，他很不甘心，就心事重重地找到了人事经理。随后，双方又进行了一番讨价还价，并都在努力为自己一方争取更多的利益。

最终，仍然按照之前月薪8000元的约定来核定工资。但显然这种分歧让大家都不太开心。

我们从这个案例看到，双方产生分歧的根源在于，公司方认为对方的薪酬是他自己提出的，因此，没有必要付给他更多的薪酬。而薪酬作为一种保持双方长期合作的产物，如果其中的一方出现了不满情绪，就可能会影响他的工作状态，进而影响他的工作业绩，最终导致劳资双方都受到一定的影响。

因此，对负责薪酬管理的HR管理者来说，与应聘者谈薪资是一种两难的选择：如果薪资谈得比较高，老板就会不愿意；但如果薪资谈低了，求职者就不愿加入公司，或者即便加入也很难留住对方。

那么，HR管理者如何掌握薪资谈判技巧，实现企业与求职者之间的双赢呢？下面，我就说一说具体的方法。

1. 首先进行试探性的薪酬报价

公司在发布招聘岗位的要求时，可以将该岗位的薪酬区间与招聘广告一起发布。这样就能够筛选掉一些对该薪酬水平不太满意的应聘者，而在剩下的应聘者中，可谈判的余地就会增大，谈判成功的可能性也会更高。但应注意，薪酬宽带（指薪酬的上限和下限之间的区间）应设置得窄一些，例如，某岗位的薪酬水平是年薪10万～12万元，但如果将薪酬水平设置为年薪10万～20万元，就没有太大的意义了。

此外，如果公司在发布招聘岗位时以"薪酬面议"这样的表述，来替代该岗位的实际薪酬水平，就应该要求应聘者写清自己目前的薪酬情况。例如，让一位目前年薪20万元左右的应聘者，接受一份年薪10万元的工作，显然不符合实际。因此，对这一类应聘者，就不必安排他来公司面谈了。也就是说，只有劳资双方对薪酬有一个共同的期望，谈起实际薪酬时才会更容易或更轻松一些。

2. 把薪酬谈判从对抗型转为合作型

实际上，薪酬谈判也是商务谈判中的一种。但很多人都有一个谈判误区，那就是认为薪酬谈判一定是对抗型的。其实，大家进行的是一场合作型谈判，而不是对抗型谈判。

比如，一些大公司在开始阶段得到应聘者的薪酬要求后，就将公司的薪酬安排告诉给对方，然后按照公司的安排重新核定应聘者的薪酬。这样就能够给应聘者留下一个公司非常重视并非常期待与其合作的印象，从而变"对抗"为"合作"。从表面上看，公司好像吃了亏，但如果从长期合作的角度看，则这样完全能够实现双赢。

在采用合作型谈判的方式时，公司会对该岗位设定一个标准，这个标准在短期内很难出现变动。但随着应聘者的水平提升，公司还会提高对方的薪酬水平。

3. 规避零和谈判

零和谈判实际上是对抗型谈判的一种，指的是需要双方都做出一定的让步，才有可能最终达成协议。比如，公司对该岗位的定价是8000元，而应聘者的希望是10000元。两者之间的诉求出现了分歧，此时需要进行零和谈判，来尽可能地找到双方目标的一致性。

具体来说，零和谈判需要从以下两个方面入手。

（1）从全局的角度出发，进行有针对性的谈判。我们仍以前面的例子来说，比如10000元与8000元之间的净收入差距是2000，但一些企业可能会采取某些避税方式，这就导致8000元的月薪，能拿到手的基本也是8000元。而如果是全额纳税，那么月薪10000元的税后薪酬实际上也就是8000元的收入。此外，也可以为应聘者提供其他福利作为一项保障。例如，有些企业提供住房，或者发放住房补助，这些方面的福利能够超过应聘者的最初期望，也可以作为对公司有利的谈判条件。

（2）从长远趋势或是用发展的眼光来看问题。例如，如果我们只是将薪酬谈判当成普通的讨价还价，就变得毫无意义了。但如果我们将谈判当成双方合作的开始，就会让薪酬谈判具有实际的意义。比如，与一些财务部经理进行薪酬谈判时，就会因为公司未来可能会上市，而劝说对方少拿一些薪酬，多要一些期权。

正向激励，薪酬激励的方案如何设计

好的薪酬激励政策，不仅可以提高员工的工作效率和工作积极性，而且可以减少企业的综合成本，提升企业效益。可以说，激励是发挥战斗力的催化剂，是鼓舞战斗士气的关键。但是，多数企业管理人员，并不能确定现行的激励政策是否有效地激励了员工。

一家成立10年左右的电子商务公司，主营网络营销业务，目前有200多名员工。通常，公司每年都会在2月份按照员工工资的基数开始调薪，但今年2月份老板却并没有主动向人力资源部门提起调薪的事情。

于是，HR主管主动向老板询问调薪的事情。老板说，今年不准备再采用过去调薪的方法，而是要让大家意识到每个员工的收入与公司的收入紧密关联。例如，公司以4000万元为基本销售目标，如果实际收入在4000万～6000万元，就采用A比例调薪；如果实际收入为6000万～8000万元，就采用B比例调薪。但具体的激励方案，比如按照什么标准分配，什么时候分配，由人力资源部门来制定。

那么，人力资源部门应该怎样做好薪酬的激励方案呢？

在这个案例中,老板的建议是设计一份以正向激励为主的薪酬方案,因此,做好正向激励的方案水平,就决定了薪酬方案的实际激励效果。

但在设计薪酬激励方案之前,我们应先来了解一下薪酬激励的作用,这样才能让我们的工作目标明确。具体来说,薪酬激励的作用有以下几点。

1. 留住人才,减少流失率

稳定员工队伍,吸引和留住公司最需要的优秀员工与核心员工。

2. 提高员工的积极性、主动性和创造性

薪酬激励措施能够鼓励员工提高其工作所需技能、能力,进而提高其工作的主动性和创造性。

3. 提高公司管理效率

为公司营造出一种积极向上的工作氛围,从而提升公司的管理效率。

4. 为企业目标工作

良好的薪酬激励能够让每个员工都能自觉地为企业未来的发展目标而努力工作。

5. 实现双赢

一项优秀的薪酬激励方案应该既能满足员工的需要,又能满足企业的需要,实现双赢。

通常情况下,要想设计出一套合理的薪酬激励方案,需要掌握结构化设计薪酬方案的基本构成。具体来说,有以下几点。

1. 定好调、定好标准

在设计方案之前,必须要定好调、定好标准。除了保持公司的薪酬方案为正向激励以外,对于员工工作中的各种失误或未能达到标准,也需定好罚款标准。

2. 结构化

设置的薪酬方案应该具备多种作用,因此,将其进行结构化设置是解决这个问题的一个好的思路和手段。比如，一个尽量宽的薪酬体系，其选择范围能够保障薪酬方案的科学性与全面性，尤其是能够提供一个比较好的弹性。具体来说，可以按照著名管理大师约翰·特鲁普曼提出的薪酬方案组合模型，公式如下所示：

$$TC=（BP+AP+IP）+（WP+PP）+（OA+OG）+（PI+QL）+X$$

TC：整体薪酬。

BP：基本工资。

AP：附加工资，主要指的是一次性薪酬，比如加班工资、奖金或利润分享等。

IP：间接工资，即福利工资。

WP：工作用品补助，即企业为员工提供的各种设施、设备及办公用品等。

PP：额外津贴，具体是指因工作时间、工作环境的不理想而支付给员工的一种补偿。

OA：晋升机会。

OG：发展机会，即员工培训、外送培训或进修、员工学习学费补偿。

PI：心理收入，即员工从工作及公司得到的精神收益。

QL：生活质量，指帮助员工平衡好工作与生活关系以及解决它们之间的相关矛盾。

X：私人因素，即个人独特的需求。

我们通过这个公式，就会发现专家的想法会极大地丰富我们对于薪酬设计的理解，这对于我们通过薪酬激励来全面调动员工的积极性有很好的促进作用。

掌握了结构化设计薪酬方案的基本构成后，我们即可开始设计几套方案了。但在设计方案的前期，最重要的是呈现出解决问题的思路和大方向。为此，我们可以按照韦伯定律设定，即相同岗位的收入差距应以不超过15%为宜。所以在初次考核时，建议只动85%以外的那一部分。

具体可按照公式中提示的几个方面，对公司过往所发薪酬的全部内容进行分类统计。这一方面依据与我们薪酬有关的那些发放项目，而另一方面依据我们在各个项上发放的时间、频率和占比。

1. 第一种方案

保持基本工资不变，只将奖金与老板所设定的收入目标挂钩。

2. 第二种方案

保持85%的基本工资不变，但将原工资的15%与绩效考核挂钩。然后将4000万元、5000万元、6000万元、7000万元分解成相对应的月度或季度，进行考核之后再对员工进行发放。

3. 第三种方案

同样保持85%的基本工资不变，但同时考虑市场环境的变化可能会出现另一种可能性，即考虑单位成本是否会就此增大，或者是否会因为受到市场竞争导致销售价格降低等因素影响，最后出现市场销售收入已经完成指标，却出现利润率、利润收入下降的现象。也就是说，不但要考虑销售收入，还要考虑利润指标。

同时，如果HR主管想要更进一步，还可以将激励体现得更有导向性，也就是在以上所列基础上，再进行一些结构调整设计。

例如，将工资结构进一步细分为岗位工资、学历工资、工龄工资、职称工资、技术研发工资、销售工资等。对于特别需要强调的方面，可以进行着重导向。举例来说，如果需要强调技术研发，就可以将绩效考核与技术研发成果结合，对于技术研发的工资进行核发；而对与市场联系非常紧密的销售人员来说，可以设置销售工资，也就是销售绩效工资，按照员工的绩效进行核发。这样至少对于用工作进度或者用数据"说话"的那些非常重要、核心的岗位和人员,能够通过绩效考核有针对性地进行激励。

综上所述,要想做好员工的薪酬激励,应当抓住两个关键点:一是提高公司利润作为绩效的最高目标;二是在分享劳动成果的同时,做好对人才的留用与激励。

设计岗位宽带薪酬的方法

薪酬的"宽带",指的是薪酬的上限和下限之间的区间。也可以简单地理解为,在每一薪级中从下限到上限的涨幅,通常用百分比来表示。例如,第6级的薪酬区间为5000~7500元,那么带宽就是50%,即(7500-5000)/5000×100%=50%。

而宽带薪酬指的是带宽较宽的薪酬。我们认为带宽超过100%,即为宽带薪酬。通常情况下,宽带薪酬的带宽在100%~400%之间。

联想公司在2005年时的PC市场上,面临着戴尔公司的巨大挑战。面对着不利局面,联想公司借助合理的薪酬宽带体系打赢了这场PC大战。

当时,联想公司面对戴尔来势汹汹的直销模式,只好调整其固有的渠道业务,做战略转型,即大力发展面对大客户的直销业务。但联想公司的薪酬体系只适应渠道销售业务,具备与大客户谈判沟通经验、开拓能力、适合做直销的人才非常匮乏。

于是,联想公司一方面从原有人才中挑选总监、经理,让他们急速提升;另一方面,从外部市场吸引相应的人才。但如果从外部吸引人才,其薪酬水平就会远远高于内部员工,就可能会引发内部员工的冲突。

为此，联想公司开始重新梳理内部岗位，评估岗位价值，并改变了之前点状的薪酬体系，引入了"带宽式"的薪酬体系。结果让同一级别的员工出现了比较大的薪酬带宽和变化幅度，即根据员工的相关绩效、经验、胜任能力等多种指标，将其岗位分为多个级别，而每个级别又包括多个层次。比如，第7级可有7^+、7、7^-等层次。这种更具包容性的"带宽"式薪酬体系设计，使得外部竞争性与内部公平性保持一致，导致员工具有极强的战斗力。

在经过薪酬改革两年之后，联想公司在PC销量方面终于击败了戴尔公司，顺利地实现了发展大客户的直销业务这个企业战略规划。

我们从这个案例看到，相比窄带薪酬来说，宽带薪酬是一种较为新型的薪酬体系，是随着能力模型的逐渐流行而兴起的。同时，宽带薪酬背后的理论逻辑是，员工薪酬支付主要凭借其能力方面的差异而定，即同样的岗位，能力较强的员工可以拿到比能力差的员工高数倍的工资。

而窄带薪酬主要是以员工职位价值作为支付薪酬的依据，尽管窄带薪酬也承认能力的差异，但是窄带薪酬认为员工的薪酬主要依靠该职位的价值，即使员工在能力方面有所差异，也不主张这种差异过大的薪酬，通常同一级别能力最强的员工的薪酬，要比能力最弱员工的薪酬高出50%左右。

那么，如何确定企业薪酬的带宽呢？在确定薪酬的带宽前，通常需要确定采用窄带薪酬还是宽带薪酬。薪酬带宽的设计一般受到下列因素的影响。

1. 职位层级

通常情况下，随着职位层级的不断上升，带宽也会随之增加。这是因为，级别越高，其能力的差异所带来的贡献价值差异就越大。通常在很多互联网等新兴行业中，带宽设计比较大，而在传统企业中，带宽的设计一般不宜过大。例如，传统行业的企业带宽可以这样设计：

助理、文员等层面的员工，带宽在20%~30%之间；

专员、技术员等层面的员工，带宽在30%～40%之间；

主管、高级专员、工程师等层面的员工，带宽在35%～45%之间；

经理、高级工程师等层面的员工，带宽在40%～50%之间；

总监及以上层面的员工，带宽在50%～60%之间。

20%～60%只是一个经验值，是传统企业在实践经验总结中得出的一个比较合理的值。一方面，带宽设计得过大容易削弱职位价值评估的影响，而窄带薪酬又是以职位价值评估为基础的，因此在60%左右已经算是较高的水平了。另一方面有些低端的职位，其能力差异对工作的影响并不是特别大，带宽设计得低一些就可以了，一般在20%左右。

2. 能力差异

能力差异对工作影响越大的岗位，其带宽就应设计得越高。例如，虽然一些技术类的岗位，其职位级别可能不是很高，但员工的能力差异对工作的影响很大，因此，需要适当提高其带宽。

3. 标准化程度

往往标准化程度越高，薪酬的带宽越小；反之，薪酬的带宽越大。

此外，在确定薪酬带宽的具体操作中，可能会经常遇到一些问题，如下所示。

1. 为了迁就企业的实际情况，而忽略了薪酬带宽设计的基本原则

例如，某企业薪酬4级员工的薪酬差异很大，从3000～6000元不等，即薪酬带宽设计过大，高达100%。这就导致员工的薪酬差异过大，肯定会造成内部员工出现不公平感，如果继续保持这样的薪酬设计，就相当于把不公平合理化了。

2. 薪酬带宽设计得跨度过大

一些企业在设计薪酬带宽时，跨度太大。举例来说，1～5级带宽25%，6～12级带宽60%，这样的带宽设计就显得跨度太大了。带宽设计的原则一般是循序渐进、逐步向上的。例如，像基层、中层、高层这三个层级，每

个层级的带宽可以逐步上升，如30%、40%、50%等。

3. 为了赶时髦，将薪酬设计成宽带薪酬

还有一些企业在设计薪酬时喜欢赶时髦，他们总是认为宽带薪酬就是比窄带薪酬好，于是将薪酬设计成很大的宽带。例如，一位行政总监可能只需要10000～15000元这样的薪酬带宽，如果非要设置成8000～32000元，表面上看起来是宽带薪酬，但实际上是假的宽带薪酬，在实际操作中根本用不上。

针对企业高管，应采用什么薪酬结构

在现代企业中，高层管理人员由于从事管理工作并且其工作重点在于决策，因此在企业运营中起到了核心作用。他们主要的工作内容是对整个企业的管理负有全面的责任，主要职责是制定企业的总目标和总战略，掌握企业的大政方针，并负责企业的整体绩效。

同时，在企业人力资源管理的体系中，高层管理人员的薪酬结构设计相比普通员工来说要复杂许多。这是由于企业对精英人才的渴求十分强烈，企业必须建立极具吸引力的薪酬激励机制。

因此，企业必须要非常重视高层管理人员的薪酬结构体系，设计一份既适合企业又能很好激励高层管理人员的薪酬结构，使得企业能够在错综复杂、竞争激烈的环境中健康发展。

瑞银集团每年在为高管设计薪酬时，首先由独立薪酬咨询顾问从公司规模、产品与业务范围、地域范围、总部位置、人才竞争、人员及薪酬战略这六个维度，对高管的薪酬水平与结构进行详细的分析，然后为薪酬委员会提供一份详细且全面的数据，来支持委员会做出合理的决策。另外，除了相关薪酬数据方面的内容，薪酬咨询顾问还会随时与薪酬委员会分享高管薪酬的一些新趋势和新做法，使其不断拓宽视野，提高薪酬方案的有效性。

为了对高管实施中长期激励计划，瑞银集团会强化薪酬的股权支付和递延支付。例如，瑞银的高管薪酬主要分为两个部分，即固定薪酬和奖金，其中，奖金占据了高管薪酬的大部分份额。在奖金部分中，有40%的奖金是作为现金支付的，但须按照"60%-20%-20%"的比例分为3年递延发放；剩下60%的奖金作为股权进行支付，分别通过"业绩股票单位计划"和"高管持股计划"在3年和5年后逐步支付。

瑞银集团这样设计高管薪酬有两个目的：第一，从长远来看，股权支付让高管手中持有的大量股票能够伴随公司未来业绩变化而不断波动，这样就为更好地激励高管打下了很好的基础；第二，递延支付股权则为未来薪酬兑现时，公司根据业绩的好坏对其进行调增或扣减预留了空间，进而确保高管的薪酬与真实的业绩长期关联。

此外，公司逐步完善了递延支付在兑现时的调整机制，并切实执行了"薪酬追回条款"。无论现金还是股权形式的奖金，在给高管兑现时，瑞银都会根据当前公司的业绩，按照约定的机制进行调增或扣减，这样就能够杜绝发放违反初衷的激励的情况。例如，瑞银公司在2011年的盈利没有达到预定的标准，这导致投资银行的CEO必须返还50%的高管持股计划下的股票奖励。

我们从这个案例看到，像瑞银集团那样，设计一套科学、合理、有效的高管薪酬结构，能够更好地吸引、保留和激励公司的高层管理人员，更有效地调动他们工作的积极性，并有利于实现企业的既定目标，同时为提高企业核心竞争力打下坚实的基础。

那么，我们应该如何设计高层管理人员的薪酬结构呢？由于高管需要掌握的知识更趋向于观念技能，比如经营预测、经营决策、管理会计、市场营销和公共关系等，因此高管所承担的计划、组织、领导和控制职责，应该作为为高管人员制定薪酬体系的主要依据。

同时，为了突出高管薪酬管理的重要性，通常采用年薪制来作为他们的薪酬结构。年薪制这种薪酬结构模式具有一定的优越性，例如，高管薪酬与公司的整体效益直接挂钩并捆绑在一起，这样就能够充分激励他们对公司的发展负责。

在这种薪酬结构下，高管的薪酬结构主要由岗位工资、效益奖金、长期激励和特殊福利这四个部分组成。

1. 岗位工资

岗位工资是高管人员在管理岗位中的基本收入，属于固定收入部分，主要是为他们提供基本的生活保障。其比例通常以占到总体薪酬的1/3～1/2为宜。如果岗位工资设置过高，就不利于激发高管人员的工作积极了。

2. 效益奖金

效益奖金是针对高管的一种短期激励方式。因为高管人员在决策、控制、领导能力方面，对于企业效益的影响比普通员工起到了更大的作用，因此，要依据企业短期效益的变化来制定其奖金的发放标准，让高管人员在企业经营效益的进步中收获自己努力的成果。

3. 长期激励

每一个企业的高管人员对企业的发展都起到了至关重要的作用，而他们的流失也会给企业造成很大的负面影响。同时，他们还承担着企业经营决策方面的巨大风险，因此，像效益奖金这种短期的激励方式已经不能满足他们更高的利益需求，而是需要通过长期的激励来对其进行补偿。

长期激励方案通常是以股权激励为主。这是因为，高层管理人员对于企业效益的改善作用并不能很快就显现出来，企业对于他们工作的有效性和努力程度不能进行及时有效的监管。因此，长期激励就成为激励的最佳途径之一，而且长期激励还可以把企业的总体利益和高管人员的个人利益紧密相连，进而激励高管人员不断关注企业的长期、可持续发展，以获取更高的绩效收益。

4. 特殊奖励

留住那些优秀的、核心的高管人员对企业来说至关重要，而一些特殊奖励在留住核心高管方面起到了非常大的作用。例如，为高管提供舒适的工作、居住环境，或者对一些做出突出贡献的高管给予特殊奖励等。但应注意，在及时发放特殊奖励的同时，还要对金额进行严格保密。

总之，只有立足于高管的实际需求，并且量化其工作任务，科学地对其实施考核，才能让高管人员心理平衡，最终使激励政策起到应有的效果。

经典案例：薪资、奖金与期权，阿里巴巴公司的薪酬体系

阿里巴巴公司于2014年9月在美国纽约证券交易所上市，上市时创造了几百个亿万富翁，最高市值一度超过了3000亿美金，其中有20%左右是由管理层和员工持股。因此，阿里巴巴的上市造就了全世界从来没有过的情况，即公司的员工实在是太富有了。

同时，这也带来了管理方面的问题，因为阿里巴巴的员工很多都是亿万富翁，实在是太难管了。

但实际上，阿里巴巴的薪酬体系与员工的级别和绩效挂钩，并不是一个独立的板块。也就是说，薪酬体系首先与员工的级别有关；其次与员工的绩效（即KPI，指绩效考核指标）有关；最后与人才盘点直接相关。人才盘点是指每年整个公司的董事会都会将全公司的人才进行盘点，内容包括其个人贡献、文化价值观，以及在行业里的稀缺性和未来的成长空间，等等。

具体来说，阿里巴巴公司的薪酬体系分为三个部分：确定级别的薪资，年终奖金，股权和期权。

◎ 阿里巴巴公司的薪资

阿里巴巴公司的薪资体系非常完整，一般是12+1+3=16薪，由员工的职称决定。为此，公司设计了两套人才发展体系。一套体系是P序列，相当于技术岗，由程序员、工程师，或某一个专业领域的人才组成。

1. P系列

在P系列中，由下列级别组成：

P1～P3：助理

P4：专员

P5：资深专员

P6：高级专员（也可能是高级资深专员）

P7：专家

P8：资深专家（架构师）

P9：高级专家（资深架构师）

P10：研究员

P11：高级研究员

P12：科学家

P13：首席科学家（等同于阿里巴巴集团CEO）

P14：马云

在阿里巴巴公司，如果从P5做到P6、P7，工资增加的幅度会很大。但只有P6（相当于M序列的M1）后才算是公司的中层。不过，在阿里巴巴公司，不同的子公司给出P级的标准是不一样的。

2. M序列

阿里巴巴的另一套体系是M序列，即管理岗，从M1到M9，把每一个层级的评判能力全部细分。例如，该岗位的具体能力表现是什么，要达到什么样的层级，等等，全部有一个细分的体系。这样就实现了整个人力资源体系的科学化。

M1=P6主管

M2=P7经理

M3=P8资深经理

M4=P9总监

M5=P10资深总监

M6=P11副总裁

M7=P12资深副总裁

M8=P13子公司CEO或集团高层

M9=P14阿里巴巴集团CEO

◎ 阿里巴巴公司的奖金

阿里巴巴公司的奖金都是按照"271"规则算出来的，即70%的员工发2个月奖金，10%的员工拿不到，20%的员工拿10个月到30个月的奖金。

例如，有的员工一年能够拿30万的奖金，有的员工就只拿2万元的奖金。公司把80%的钱分给20%的员工，对他们进行表彰。因此，如果员工在这一年做得非常好，奖金往往就会翻很多倍，这也是阿里巴巴公司员工非常努力的原因。

此外，每年过年的时候，阿里巴巴公司都会发年终奖。年终奖的组成是13薪，过年的时候先多发1个月的工资给大家，做路费；奖金多少根据人才盘点和绩效能力而定，能力强者多得。

◎ 阿里巴巴公司的期权

期权分两次发，第一次是进入公司分配的期权，一次是1万股，但不能立刻兑现，每年可以兑现25%，也就是1/4，两年就是50%的股份。

但由于兑现时需要立即交税，因此在管理中，这种期权叫"金手铐"，因为还有很多钱拿不出来。例如，越是高层员工越不敢离开，因为这种期权方式锁定了公司的核心人才。

此外，每一位员工一般都有RSU（指受限制股份单位），每年随着奖金发放，年终奖或者半年奖都有可能。但每一份奖励的具体数量则可能因职位、贡献的不同而存在一些差异。一般来说，每位员工每年都可以至少得到1份受限制股份单位奖励，有时也可能是2份。

而因为每年都会伴随着奖金发放新的受限制股份单位奖励，所以员工手中所持受限制股份单位的数量就会滚动增加。也就是说，这种滚动增加股权的方式，使得阿里巴巴集团的员工手上总会有一部分尚未行权的期权，进而帮助公司留住员工。因为员工在离职时，尚未发放到位的股票期权将会重新回到期权池中。

除了要留住现有员工，受限制股份其实还有另外一个非常重要的用途，那就是并购支付手段。例如，阿里巴巴集团在很多并购交易中，现金支付部分通常不会超过50%，剩余部分是用来支付给并购公司的创始人或是原始股东，即以阿里巴巴集团的受限制股份单位来作为其余部分的支付手段。

"金手铐"期权模式，已经成为阿里巴巴公司始终保持行业领先，并持续飞速发展的重要因素之一。

第八章
绩效管理体系,让"烫手的山芋"不再"烫手"

绩效管理体系是一套用于建立、收集、处理和监控员工绩效数据的流程系统。它以实现企业目标为驱动力,以关键绩效指标和工作目标设定为载体,并通过对全公司各部门员工工作绩效的客观衡量、及时监督、有效指导和科学奖惩,来调动员工工作的主动性、积极性、创造性,从而相应地提高公司的整体绩效,最终实现企业的既定目标。因此,是否有一个高效的绩效管理体系是衡量企业是否优秀的重要依据之一。

绩效管理工作，绝对不是人力资源一个部门的事

李强是J公司的人力资源部经理。新年刚过，J公司的董事长在一次与同行交流绩效考核时得知，360度绩效考核法不但能够避免在考核中出现人为因素的干扰，而且能促使员工主动提高。

因此，董事长对李强说，准备在公司内部全面实施360度绩效考核，并让李强制定相应的考核系统，还授权他在公司内部推广实施。

凭借良好的专业知识，李强在参考了一些资料后，很快就编制出了一份360度考核制度及推行方案。按照这份考核方案，被考核者的上级、同级、下级以及服务的客户都要对被考核者进行评价，以便使其搞清楚自身的长处和短处，达到提高自己的目的。

李强将实施新制度的对象初步定为公司的中层领导和一些重要岗位的关键员工。这看起来似乎很完备，但当新制度推行后，李强很快就遇到了很多意想不到的困难。

新制度开始推行之后，李强按照既定步骤首先组织了六个部门的经理和两个总监开会，对新考核方法进行介绍与说明。可这些总监、经理们根本没有给予应有的重视。

董事长参会时大家还算准时，一旦董事长不在，每次到了开会时间，

部门经理和总监就会迟到。而李强在会上进行讲解和演示，大家也都是似听非听、似懂非懂地看着他，感觉他们似乎都在忙着自己的事情。等到讲解完毕，李强希望他们对考核提出一些问题和意见时，大家只是含糊其辞地说着"行""差不多"来敷衍一下。

在具体的执行过程中，李强向各部门收取要求更新内容的《职位说明书》等相关内容。但生产部和采购部提交的《职位说明书》填写的内容与以前完全一样，财务总监甚至推说自己工作太忙了还没有做。

无奈之下，李强只好要求生产部和采购部重新填写《职位说明书》，并催促财务总监尽早完成。

令李强感到气愤的是，这些部门毫不在意，几天之后仍然没有完成李强的要求。李强终于忍不住了，就找到董事长汇报相关情况。

更令李强感到吃惊的是，原本积极要求推行360度考核制度的董事长也对此不以为然。他听完李强的汇报后说："财务总监的工作应该比较忙，采购部和生产部也是如此。这样，你先不要着急，再催催他们吧。"

走出董事长的办公室后，李强一脸茫然，一筹莫展。为什么新制度推行这么困难呢？难道绩效管理只是人力资源一个部门的事情吗？

我们从这个案例中看到，在一些企业绩效管理的实践中，公司高层领导对绩效管理工作比较重视，人力资源部门也下了很大功夫推进绩效管理工作，但各部门领导和员工却对绩效管理认识不够，甚至一些部门的领导会错误地认为，绩效管理只是人力资源部门分内的工作，与他们无关。这种认识是企业绩效管理效果不佳的最根本原因，也是最难突破的一个障碍。

业务部门经理认为填写绩效考核表格会影响其正常工作，他们作为被考核者的直线领导，不想对被考核者进行业绩评价，总想让人力资源部门或考核组来考核员工。这样做的结果是，这些部门对公司的绩效考核消极应付，导致执行力不足，进而导致绩效考核流产。

那么，造成这种认识的深层次原因是什么呢？原因实际上与公司的发展阶段以及员工的能力素质有关。

例如，当企业的规模不大时，业务人员在公司的地位举足轻重，因为无论是在收入还是在地位上，业务人员的受重视度都比其他岗位员工要高很多。如果他们认为绩效管理是虚的东西或者对他们的收入不利，绩效管理就不会得到业务部门的重视。

此外，业务部门经理往往对管理责任的认识不到位，比如，他们通常将更多的精力放在具体业务运作上，而不是放在管理员工上。也就是说，部门经理管理的基本职能是计划、组织、领导和控制下属员工，他们应该更好地激励、辅导下属运作业务，而不是自己亲力亲为，这在绩效管理循环的各个环节都会得到体现。

因此，企业中的人力资源部门只是负责绩效管理的组织协调部门，各个部门的管理人员才是绩效管理的主角。也就是说，各级管理人员既是绩效管理的对象（被考核者），又是其下属绩效管理的责任人（考核者）。

那么，如何改变他们的错误认识呢？

（1）对各级部门领导进行思想灌输，使其改变固有的思维定式，认识到绩效管理对于企业的重要性。

（2）对各级部门领导进行绩效管理的工具、方法和技巧等相关内容的培训，以提高他们的能力素质和管理水平。

（3）从企业文化建设入手，加大公司的执行力度。只要公司决策者大力推进，相信各级部门领导和员工也会逐渐接受绩效管理。同时，随着绩效管理的深入推进，他们也会从绩效管理中得到好处，绩效管理就会更容易受到他们的重视。

在绩效考核中,企业存在的认识误区

绩效考核目前已经成为企业管理中的重要组成部分,一个合理、公正的绩效考核制度,不但能够有效地激励员工,调动他们的积极性,而且能为公司创造更多的利润。但还有不少管理者对绩效考核存在着一些认识误区,这会极大地影响绩效考核的最终效果。

那么,在对绩效考核的认识上究竟存在哪些误区呢?

1. 过于追求全面的考核指标,忽略了绩效考核的正面导向作用

在绩效管理中,很多管理者存在着一种认识误区,那就是尽量追求考核指标的全面性和完整性,却忽略了绩效考核的正面导向作用。

例如,一家公司的考核指标几乎涵盖了某个岗位中的所有工作,并详细列出了所有考核的要求和标准。有的项目指标的分值只有1分或0.5分,最高分值也没有超过5分,这样的考核指标根本不能突出重点,显然不会非常有效。

因为过分追求指标的全面性和完整性,就会冲淡企业最核心、最关键的业绩指标的权重,使得绩效考核的正面导向作用被大大弱化。

2. 绩效考核就是给员工挑毛病

很多公司的管理者在启动绩效考核项目时,对绩效考核并没有非常清晰的认识,只是把绩效考核作为约束、控制员工的手段,通过绩效考核给员工增加压力，甚至将绩效考核不合格作为辞退员工的理由。还有一些企业盲目地采用末位淘汰制，来淘汰所谓的"不合格"员工。

而如果公司企业文化、业务特点和管理水平等相关因素，并不支持采用这种方法，绩效考核就会受到员工的抵制。

实际上，绩效考核是为了正确评估企业或员工个人的绩效，从而能够有效地激励员工，使其为企业做出更大的贡献。

3. 只重视绩效考核，却忽视计划制订的环节

在一些初次实行绩效考核的企业中，很多管理者对绩效考核工作非常重视，但对绩效考核的计划制订环节重视不够。

实际上，制订切实可行的绩效计划，是绩效管理的第一步，也是其中最重要的环节。同时，缺少一个科学、合理的绩效计划，就不能保证组织、部门目标得以贯彻实施。而且个人绩效计划，与部门绩效计划和组织绩效计划之间是相互依赖和支持的关系。因为个人绩效计划能够支持部门绩效计划，而部门绩效计划又能支持整个组织的绩效计划。因此，促使部门和个人绩效计划的实现，才能保证组织目标的实现。

许多公司绩效考核工作难以开展的原因，就在于绩效计划制订得不合理，比如，有的员工绩效目标定得太高，无论员工如何努力都无法完成目标；而有的员工绩效目标定得比较低，很容易就完成目标。这对员工的工作积极性会造成很大的影响。

此外，绩效计划包括绩效考核指标、权重、绩效目标以及评价标准等方面，这对员工个人及整个部门的工作提出了具体、明确的要求和期望；而且明确规定，员工及整个部门在取得成就后，就会获得组织的奖励。因此，科学、合理地制订绩效考核计划，对绩效管理的成功实施具有非常重要的意义。

4. 追求绩效考核的完美性

在很多企业，管理者往往会存在着一个追求完美绩效考核的误区。比

如，追求绩效表格规范、完整；追求绩效工具和方法先进；追求绩效考核的满意度；追求绩效考核的流程规范等。

但对绩效考核来说，由于企业的环境不断变化，因此为绩效考核而建立的方法与指标，也会随着企业的变化而发生变化。

也就是说，绩效考核很难顾及企业的方方面面。而且绩效考核需要付出不小的成本，比如，制定考核目标以及设置绩效考核的各项指标和执行考核流程，都需要耗费时间与财务成本。

因此，在完善绩效考核的同时，企业还需要考虑绩效考核的投入产出比。而过分追求完美的绩效考核，就会导致主次不分，进而导致考核的目标过多并容易分散员工的精力，使其无所适从。

此外，即便企业能够设计出更详细、更全面，甚至涉及员工方方面面的考核体系，在体系中也肯定会出现很多定性指标而非定量指标，这样就会让最终的考核结果难以避免主观因素的影响，从而变得不是那么完美。

5. 只关注考核个人绩效

在工厂等很多传统的岗位绩效考核中，其岗位考核只强调对个人的考核。但随着社会的不断发展和进步，岗位的工作变得越来越复杂。如果企业还是过分地关注对个人的绩效考核，就会把考核本身引入死胡同。

这是因为，只关注对个人的考核虽然能够强化员工的本职行为，却在无形之中限制了他的超职责行为，进而淡化了员工与其他人的合作意识和团队精神。

另外，如果企业过分强调对个人的考核，就会容易忽视其他方面的绩效问题。比如，绩效不但包含个人绩效，还有组织绩效、团队绩效以及流程绩效等。因此，企业在设定绩效考核的指标时，应适当加入一些员工与团队绩效和流程绩效相关的指标。

从企业绩效目标的来源看，不但有员工的岗位应负职责，而且有自上而下的战略目标分解，还有内、外部客户的需求等职责，因此，企业对这些方面的绩效考核也要考虑到。

6. 误认为绩效考核相当于绩效管理

绩效考核并不等同于绩效管理，但很多企业却将绩效考核当成了绩效管理的全部。他们认为绩效考核就是绩效管理，其实绩效考核只是全面绩效管理的手段之一。而在企业中，人力资源管理的核心就是绩效管理，绩效管理也是一个非常完整的管理过程，其中包括绩效计划、绩效管控、绩效考核以及绩效反馈。

企业实现绩效管理，是为了持续改善企业及其员工的绩效，以实现企业的最终战略目标。一个非常完善的绩效管理体系，必须起到沟通公司的战略、指引员工努力的方向、落实并层层推进公司战略目标的作用。

而绩效管理的过程，是设定规范化的工作目标、反馈绩效考核的数据，进而改善管理人员的管理能力与成效，促进、提升被考核员工的工作方法，最终实现企业的整体目标。也就是说，绩效考核只是绩效管理过程中的一个环节。绩效考核是否公正、科学，是绩效管理能否达到预期效果的关键因素。

如果管理者错误地将绩效考核与绩效管理画上等号，就会导致绩效目标不明确，绩效管理的过程也难以控制，最终使绩效考核的数据不能得到真实的反馈，导致企业与员工的绩效都无法提高。

此外，绩效考核所关注的，只是对过去执行结果的一种评估，因此对员工具有威慑性的作用；但绩效管理关注的却是实现企业未来的战略规划，因此对员工具有一种牵引性的作用。

绩效管理，不可忽视绩效辅导沟通的作用

某城市商业银行成立于20世纪90年代。目前下设十多家支行和上百个网点，总部设有人事部、科技发展部、市场营销部、财务部、稽核监控部和资产保全部等6个部门，员工总人数1000多人。

该行自成立后，肩负着支持当地经济和促进当地社会发展的重任。但由于自身规模较小、资产质量欠佳、员工素质参差不齐、管理手段落后等，而且面临着四大国有商业银行以及众多规模庞大、实力雄厚的股份制商业银行的激烈竞争，因此，发展形势比较严峻。

随着竞争逐渐加剧，该行的领导也逐渐认识到人才对于企业发展的重要性。因此，为了迅速扩大企业规模，提高其经营效益，该行决定，首先从绩效管理入手，制定一整套绩效考核和激励措施。

人事部门根据不同部门和岗位的职责与特点，分别对该行的中高层管理人员、一线业务人员以及各个职能管理部门制定了相应的考核指标和具体的考核管理办法。在年终时，专门由高层领导和中层干部组成一个绩效考核领导小组，负责领导开展绩效考核工作，各部门的负责人则负责牵头组织本部门的绩效考核，并由相关部门相互协作配合。

尽管全行上下投入了大量的时间和精力，进行月度、季度和年度绩效考

核工作，最终的实际结果却并不尽如人意。公司高层领导感觉最终的考核结果，未能很好地区分员工之间业绩的优劣，甚至不能为激励和职业发展提供相应的支持和依据；职能部门的中层管理人员认为，该考核指标量化远远不够，很难在实际操作中得以体现；而普通员工认为，考核结果与其个人工作业绩明显不符，也不够公平，甚至直接影响其工作态度和情绪。

是什么原因造成绩效考核的效果不佳呢？后来经过有关专家的仔细分析，原来是由于在绩效管理过程中绩效辅导沟通不足而导致的。

这是因为，银行业比较谨慎的特点以及该行高度服从的企业文化，导致绩效辅导沟通在整个绩效管理过程中被大大弱化，甚至被忽视了。

例如，在制定绩效管理制度和管理流程的过程中，主要参与者是该行的高层管理者和党群人事部，而其他支行的负责人基本没有参与；方案定下以后，在选取考核指标、确定目标值和权重的过程中，该行的员工也很少参与；在考核的过程中，各个支行负责人负责打分和填写表格，与下属员工面谈沟通的时间也很少，这导致很多绩效面谈只是在走走形式。这些因素全加在一起，就导致绩效考核远未达到预期效果。

我们从这个案例得知，绩效辅导沟通应当贯穿整个绩效管理的过程中。绩效辅导是指人力资源部对执行者指导、培训、支持、监督、纠偏及鼓励等提供帮助的行为。

例如，企业在设计绩效管理体系与制定绩效管理流程的过程中，必须与整个管理层和基层员工之间进行大量的沟通，并充分考虑到企业的具体情况以及各个层面员工的想法、建议，才能制订一套可行的方案，最大限度地减小未来实施过程中的阻力。

而在绩效考核的执行过程中，考核者与被考核者也必须进行深入的沟通辅导，然后确认绩效目标与衡量标准、反馈等相关信息，以完成既定目标。

因此，绩效管理强调管理者与员工之间的互动，同时还强调管理者与员工形成一个利益共同体，这样他们就会为绩效计划的实现而共同努力。

也就是说，人力资源部门必须要对绩效计划的执行者进行绩效辅导沟通，以帮助他们更好地完成绩效计划。具体来说，绩效辅导沟通的必要性有以下几点。

1. 管理者应当及时掌握员工工作的进展情况，以提高员工的工作绩效

管理者应当及时掌握下属员工的工作进展情况，了解他们在工作中遇到的困难，以便于及时发现并纠正偏差，避免他们出现错误。而另一方面，及时发现一些员工的高绩效现象，即可迅速总结、推广他们先进的工作经验，使得部门的其他员工的绩效都能得到提高。

此外，及时掌握员工的工作状况，还有利于对员工进行公正、客观的考核评估，减少绩效考核的误差。

2. 员工需要管理者对其工作进行评价和辅导支持

员工在工作中希望能够不断得到自己工作绩效的反馈信息，并希望及时得到管理者的评价，以便能够不断提高自己的工作绩效和能力素质，进而为企业做出更大的贡献。

3. 通过绩效辅导沟通，及时调整绩效考核计划

绩效考核计划的制订，通常是基于对企业外部环境和内部条件的判断以及管理者与员工取得共识的基础上做出的。

但企业外部环境总是在不断变化，公司的内部资源也非常有限，因此，在绩效考核周期开始时制订的绩效考核计划很可能因为变得与实际不符而无法实现。

举例来说，市场竞争环境突然发生剧烈变化，使得本公司的产品价格政策不得不发生变化，这样就会导致公司产品的销售量和销售金额的目标发生很大的变化；或者某些产品因为技术上的障碍未能得到有效解决，进而导致产品不能及时上市，不得不做出调整产品开发的计划；此外，因公司战略出现调整，原定工作目标及工作重点全都失去了意义。

当企业发生了上述这些事先未能预知的事情时，与其相对应的绩效目标也应及时进行调整。因此，我们通过绩效辅导沟通，即可对绩效计划进行及时调整，使其能够更加适合外部环境以及内部条件发生的变化。这样，才能对员工进行更准确的绩效考核。

既要重视考核量化指标，又要重视考核过程

在绩效考核指标的体系中，定量指标在保证绩效考核结果公正、客观方面，占有非常重要的作用。但实际上，定量考核指标并不能够完全体现出考核结果的公正性和公平性。也就是说，考核结果的公正性和公平性不一定需要全部采用定量指标。

在很多企业的绩效管理中，一些管理者希望所有的考核指标结果都能按照公式计算出来，这其实很不现实。而如果管理者要求对所有的考核指标全部量化，就说明他没有正确或准确地评价下属员工工作状况的能力。

某公司对公司的行政人事部确定了以下考核指标。
（1）要求服务满意率在95%以上，力争达到100%。
（2）对领导的会议精神传达、贯彻执行率为100%。
（3）行政人事部门的员工都要会写公文，每一年度选拔、培养后备人员3~4人，选拔、培养文秘人员4~5人。
（4）每年预算之内的费用降低10%，档案及时归档率在95%以上，完好率为100%。

（5）重大治安消防事故为0。

上述案例中的几条考核指标都有量化的数字，但我们从中可以清楚地看出，该企业进入了一个片面追求定量考核指标的误区。

在第一条中，"要求服务满意率在95%以上，力争达到100%"，满意率在95%以上的指标是很难计算的，即便是能够测算，得到这样的考核数据也需要付出非常大的成本。因此，这种考核指标既不现实也不合理。这个指标可以改成过程指标"服务支持"，用定性打分的方法进行评价。

在第二条中，"对领导的会议精神传达、贯彻执行率为100%"，这个指标实际上也无法计算。因此，可以改为过程指标"会议精神贯彻执行"，由主管领导根据实际工作情况进行主观评价。

在第四条中，"档案及时归档率在95%以上，完好率为100%"，如果对这个指标进行考核，获取结果的成本也非常高。因此，这样的考核实际上已经失去绩效管理的意义了。

为什么不能全部依靠定量指标进行绩效考核呢？因为要想实行有效的定量评价指标，则必须要满足一些前提条件；否则，定量指标考核的公平、公正性就会受到质疑。具体来说，定量考核指标应满足以下几个条件。

1. 符合公司的发展战略导向

定量考核指标必须符合公司未来的发展战略导向，否则，就可能会南辕北辙。例如，很多公司在对人力资源部的考核指标中，都会有"关键人才流失率"这样一个指标，而且该指标会将"关键人才"和"流失"定义得非常清楚和详细。但实际上，导致关键岗位人员流失的原因非常多。因此，将考核关键岗位人员的"流失率"改为"满足率"，这样显得更适合。

2. 应考虑到内部条件和外部环境等多方面的因素

定量考核指标的制定一方面要科学、合理，另一方面要考虑到内部条件、外部环境等多方面因素。如果目标制定得不合理，没有充分考虑到其他各种因素的影响，就会导致更大的不公平。例如，下面的案例就能够充分地说明这个问题。

在某个路面施工项目中，某施工企业与公司员工签订了《目标责任书》。由于这个项目的利润并不丰厚，因此，按照该《目标责任书》的约定，如果项目能够实现盈利，将拿出总利润中的50%用来奖励所有的项目人员；如果该项目不能实现盈利，那么该项目人员将不能得到年度绩效工资。

在项目运作初期，项目人员为了得到奖金以及年底绩效工资，他们的工作积极性非常高。因此，在人员配置、机械调配以及材料采购等环节做得非常到位。

但在项目进行到一半时，市场环境却发生了很大的变化，路面施工的主要材料——沥青的价格突然大幅上涨。在这种情况下，该项目已经没有盈利的可能了。

但绩效考核的管理者未能及时做出调整，仍然决定按照之前的量化指标执行绩效考核。这导致员工人心思动，因为他们已经确信该项目不可能盈利，他们获得项目奖金以及年度绩效工资的可能性也没有了。

于是，项目人员工作的积极性大受影响，在人员调配、机械使用以及材料消耗等方面的工作也失误不断，最终导致这个项目亏损超千万。

3. 应当用有限的成本来获取定量指标

定量指标的获取应当准确、可靠，并且要限定获取成本。例如，在某烟草公司做出的绩效考核指标中，很多数据都来源于市场调查。当然，像"客户满意度"等指标必须要进行市场调查，但如果出现了太多来源于市场调查的考核指标数据，就会大大增加考核的成本，导致得不偿失。通常情况下，对这一部分的调查可以采取抽查的方式代替。

4. **定量考核指标的完成，不应以牺牲工作质量为代价**

如果为了完成定量考核指标而降低了工作质量，就会对企业产生长期和深远的损害。例如，很多公司对人力资源部门的考核指标中都有"培训工作完成及时率"这一项。其实，这样的考核指标肯定能够完成，但完成这种考核指标不能以降低工作质量为代价。如果员工的工作没有完成却非要参加培训，那么培训的必要性和效果都会受到很大的影响。

综上所述，企业在运用定量指标时需要一定条件的配合，否则就很难在考核中发挥出应有的作用。

绩效考核，考核的不是"打分"而是"绩效"

在某公司总部的会议室内，总经理张总正在认真倾听公司在上一年度绩效考核的执行情况，其中的考核结果让张总十分为难。因为在公司年度考核成绩的排序中，成绩排在最后的几名员工，是在公司干活最多、表现非常好的员工，而一些工作业绩并不出色以及出错很多的员工却都排在前面。

如果把考核排序在最后的员工，按照相关规定进行降职或降薪等处罚，无疑会伤害一批像他们一样认真工作的人，但如果不落实就破坏了考核制度的严肃性和连续性。

于是，张总决定请各个部门的负责人来到他的办公室，准备详细了解一些绩效考核的操作情况。

原来，在本次考核中，该公司使用了传统的民主评议的方式，那些平时在公司表现好的员工因遭到了其他员工的嫉妒而导致了"被低分"；而那些工作业绩并不出色的员工反而排到了前面。

其实，这家公司陷入了绩效考核的一个误区，那就是，对员工实行绩效考核，评的不是"打分"而是"绩效"。

有很多人会这样认为，所谓的"绩效考核"就是在考核期末由上级领导给下属员工评个分数，然后将这个分数作为员工绩效工资或奖金的核算依据。甚至人们还戏称，"绩效考核"就是领导用来扣罚员工工资的工具。

同时，一些考核者在考核员工绩效时，首先想到的往往是该给员工打多少分，而不是真正关注员工的实际绩效。但实际上，绩效考核"评"的是"绩效"，而不是分数。

还有一些企业对绩效考核抱有一种比较功利的思想，他们一方面期望绩效考核能够解决工资分配的问题，让员工之间的收入拉开一定的差距；另一方面又期望绩效考核能够帮助企业对员工进行排名，实行末位淘汰，并且让员工感受到排名的压力，使得他们不得不努力工作。

因此，绩效考核的本身功能被眼前的利益所掩盖，成为管理者手中一根无形的指挥棒，指挥着员工的一举一动。这样的绩效考评根本不能发挥其原本的作用，甚至像是在野蛮施工。例如，管理者突然宣布在某个阶段进行绩效考核，而员工对于考核内容、标准等相关信息却根本不知情；人力资源部门制定了一些标准模糊、格式统一的表格，发给直线管理者填写，但实际上，与员工的工作却没有什么直接的联系；考核结束后，考核者根本不与员工进行面谈反馈，就强制对方签字；绩效考核的过程中，既不与员工沟通绩效指标的进展情况，也不对他们进行必要的辅导。

对绩效考核来说，这些行为都是不被提倡的，无法发挥改善员工的绩效作用。如果管理者只是在考核表格上打分，则根本不能帮助员工改善绩效。要想对他们的工作绩效起到改善作用，管理者就必须对员工的工作做出"总结"。具体来说，包括以下几点。

1. **在过去的绩效周期内，对员工的工作进行总结**

这些总结具体包括下面几点。

（1）在制定考核指标及标准时，员工是否参与其中？

（2）员工的意见或建议，是否得到了充分的表达？

（3）如果在考核指标和标准上出现分歧，双方的分歧是否最终达成一致？

（4）在过去的绩效周期内，管理者（考评者）是否主动与下属员工沟通过绩效的问题？

（5）管理者（考评者）是否提供了必要的帮助和辅导，影响绩效目标达成的障碍是否被明确识别，并被及时清除？

（6）员工是否主动与管理者（考评者）沟通绩效问题，管理者为员工提出的建设性改进意见是否得到了执行？

在绩效考核时，对这些问题进行回顾、总结是非常必要的。这是因为，通过这样的总结，员工会感受到管理者是在帮助自己提高、进步；同时，管理者在绩效考核中所展现出来的是支持者和帮助者的角色，而不是手握"生杀大权"的考核者。

因此，员工就会消除对绩效考核产生的抵触心理，进而主动配合管理者共同完成绩效目标，并减少双方的互相指责以及因考核而产生的摩擦。

2. 在过去的绩效周期内，对员工的绩效指标完成情况进行总结

在考核的过程中，管理者还需要做比打分更重要的工作，即与员工进行"一对一"的绩效面谈。

在绩效面谈时，管理者应将打分情况详细说明，并将员工的具体表现告诉对方，其中既有好的表现，也有差的表现，但两种表现都必须反馈。

如果员工有好的表现，就应该告诉员工，表现好在哪里；如果员工有差的表现，管理者就应该具体地告诉员工，然后与对方一起分析其中的原因，而不要遮遮掩掩。

3. 对绩效管理体系的运行状况进行总结

一个好的绩效管理体系并非一蹴而就，而是一个不断完善和逐渐提高的管理体系。要做到这一点，管理者就不能被动地按照考核体系的要求亦步亦趋，而是要不断地对绩效管理体系的运行状况进行总结。因为，有了总结才能不断地完善绩效管理体系，从而使其不断提高。

在绩效考核的过程中，管理者应首先做好执行工作，因为只有执行了

才能从中发现真正的问题；如果没有执行就不可能发现问题。当然，发现问题的手段就是不断地进行总结，总结之后再将信息反馈给绩效考核的制定者进行研讨，然后再不断调整、优化。

具体的总结包括下面几点。

（1）绩效考核的目标制定得是否合理？

（2）考核的标准制定得是否合理？

（3）公司的绩效激励政策是否符合公司的实际情况？

（4）各种表格工具的运用是否合适？

（5）员工在绩效考核的表现是否得到了提升？

对这些问题进行总结，就能够为企业调整绩效管理政策提供相应的依据，最终让绩效管理能够发挥更大的作用。

经典案例：绩效管理最佳工具，飞利浦公司的平衡计分卡

荷兰飞利浦公司是世界上最大的电子制造企业，目前在全球150个国家共有25万名员工。那么，飞利浦公司面对着全球各地如此庞大的员工队伍，是如何对他们进行绩效管理的呢？

飞利浦公司运用平衡计分卡来指导每季度的全球管理回顾，并将其作为一个机制，鼓励持续改进和组织员工学习。

平衡计分卡，简称BSC，是一个以公司战略为基础、以因果分析为手段，从股东、客户、内部经营过程以及学习与成长等几方面层层展开的一套战略管理系统。它从客户角度、内部流程角度、财务角度以及学习与发展的角度来构建指标体系，进而评价企业的业绩。平衡计分卡能有效解决制定战略和实施战略脱节的问题，堵住了"执行漏洞"，目前已被评为西方大型企业的绩效管理最佳工具。

具体来说，在企业的绩效管理中，平衡计分卡系统发挥着以下作用。

（1）连接企业战略与绩效管理系统。

（2）促进企业不断学习。

（3）考核绩效并沟通考核结果。

（4）协调企业内部关系。

飞利浦公司运用平衡计分卡管理系统明确了企业的远景规划，并将战略目标落实成具体可衡量的目标，保证所有员工都聚焦其中的关键目标和首要任务。例如，高级管理层从设定年度运作目标和目标值开始，将它们分流到整个组织的各个层面，最终落实到全球各分支机构和事业单位的目标上。飞利浦BSC小组负责考核当前取得的进展与企业愿景之间存在的差距，然后将长期战略与短期行动联结起来，并帮助员工理解他们的行动对公司实现目标的影响力。

为此，飞利浦公司设定了四个层次。

（1）战略回顾计分卡。

（2）运作回顾计分卡。

（3）经营单位计分卡。

（4）员工个人计分卡。

飞利浦下属各分公司为其平衡计分卡的四个角度，都制定了关键成功因素。管理团队一起讨论并最终决定哪些关键成功因素使他们区别于竞争对手。他们使用了"价值图"的方法，即通过分析客户调查数据，发现客户对飞利浦与竞争对手产品价格相比的看法，从而确定客户角度的关键成功因素。

而分公司的管理团队通过这些客户需求，即客户角度的关键成功因素，可发现哪些流程角度的关键成功因素对实现客户的关键成功因素作用最大。能力的关键成功因素是对其他三个角度目标的综合分析而得来的。财务方面的关键成功因素则是标准的财务汇报指标。

此外，各分公司还设定了当年、两年后和四年后的绩效目标。而且这些目标是基于对客户基数、市场大小、品牌资产净值、创新能力和达到世界级绩效的要求等多个因素的分析。

例如，各分公司用以下四个角度来设定绩效指标。

财务：盈利、运营收入、现金流、运营资金和库存周转率。

客户：市场份额、客户调查排名、重复订单和客户投诉。

流程：流程周期"缩短比例率"、工程改变数量、设备利用率、订单响应时间、流程能力。

能力：领导能力、每位员工培训天数、参与质量改进小组工作。

各分公司的这些绩效指标，通常源于高层组织常见的六个驱动指标：盈利收入增长、愉悦客户、满足员工、优异运作、组织发展和IT支持。这六个因素分别从四个角度驱动企业的绩效改进，就像是BSC的音律，每个季度都能用来回顾各分公司的绩效。他们开发了运作计分卡监控业绩，即绩效数据自动从内部信息汇报系统传入在线BSC并立即生成报告。

因此，BSC能让每一个员工都清楚每天应该做什么才能完成业绩目标。同时，在线平衡计分卡系统还使用了绿、黄、红这三种交通灯的颜色，直观地表示出当前绩效是否能够完成既定目标。

飞利浦中国公司有数万名中国员工，它早在2001年就选择实施了平衡计分卡。它的首轮工作就是员工辅导。例如，在正式实施平衡计分卡之前，飞利浦花费了3年时间对集团公司和在中国的30家合资及独资企业、60多个办事处的数万名员工进行逐层辅导。同时，人力资源部门还随时为管理层、部门负责人以及员工提供相关的咨询。

最烦琐也是最关键的是制定"游戏规则"，也就是将战略目标具体量化为数字指标。首先在公司最高层进行分解，包括中国区总裁、副总裁在内的高管，都必须根据自己的职位和以往的业绩，确定4年以内的长期发展目标，2年以内的中期目标以及1年以内的短期目标，并按照重要程度来列举实现目标的关键成功指标（CSI，critical success indicators）。同时，还必须量化将要完成每一个CSI的关键绩效考核指标（KPI）。

随后，飞利浦中国公司逐层进行诸如此类的分解，直至分解到每一位员工。在每层的分解中，必须要包括财务结果、客户满意度、组织管理流程和个人能力这四个基本方面。而当所有的分解完成以后，即可清晰地看到一幅飞利浦中国公司的战略全景图。

在飞利浦公司，平衡计分卡有一个持续的循环系统，即计划（plan）—执行（do）—核查（check）—改善（act），简称"PDCA"循环圈。

从管理层到员工各个层级的KPI被确定的同时，每个KPI的PDCA周期也被确定下来。因此，在每月公司的管理例会上，平衡计分卡都会作为一个例行话题进行讨论。此外，管理层还会经常检查各个部门级KPI的执行情况。

平衡计分卡为飞利浦集团带来了很大的价值，帮助它创建了一个遍布全球的沟通系统，所有的分支机构都能够分享其最佳实践经验，共同协作并解决问题。此外，平衡计分卡对飞利浦的文化变革流程也起到了巨大的作用，并使其成了一个学习氛围更浓厚的学习型组织。

第九章
天下没有不散的宴席，员工的离职管理

在现代企业的管理中，离职员工的管理既是关键点，又是难点。一些优秀的公司非常重视管理离职员工，比如惠普公司会为离职员工陪送"嫁妆"，而麦肯锡公司为离职员工建立"校友录"，并将其视为"毕业离校"。这是因为，员工的离职从表面看好像是其个人行为，实际上却能够折射出企业存在的很多问题。因此，企业应对员工流失的深层次原因进行深入研究，并采取富有成效的对策。如果企业能将离职员工当作一种潜在的人才资源进行经营，就能获得可观的回报。

离职员工是宝贵财富，充分挖掘其剩余价值

企业的竞争归根结底是人才的竞争，所以，企业对员工的招聘和任用都十分重视。但是，出于各种原因，总有一些员工离职去寻找新的工作岗位，而企业往往忽视了对这些离职员工的管理。加强并重视对离职员工的管理，能充分挖掘其剩余价值。

全球四大咨询公司之一的贝恩（Bain）咨询公司，在公司内部专门设立了一个旧雇员关系管理主管，负责跟踪公司离职员工职业生涯的变化情况，并且创立了贝恩公司的"校友网络"。"校友们"经常收到最新的"校友通讯录"，还被邀请参加公司举办的各种活动，以及得到有关公司业绩方面的最新动态。

同时，贝恩公司还尽可能帮助这些"校友"拓展他们的人脉，使其能够在职业生涯中获得更大的成就。而作为回馈，离职员工也会经常与公司交流一些信息，并帮助贝恩的一些区域分公司大力开拓区域市场。

我们从这个案例中看到，离职员工同样是公司的一笔宝贵财富，关键在于如何重新认识和挖掘他们的剩余价值。

那么，离职员工的价值到底有哪些呢？

1. 离职员工的管理价值

员工的离职对公司来说，是组织借机改进的一个机会。尽管员工离职的原因很多，既有个人方面的原因，又有组织方面的原因，但人力资源部门应该从组织的层面来寻找员工离职的原因，然后有针对性地采取解决措施，有效地预防核心员工出现流失。

如果企业拥有一个良好的离职员工管理系统，就会让所有的离职员工详细说明其离职的真实原因，并对企业管理等方面提出一些客观、中肯的建议。

2. 离职员工的品牌价值

离职员工在树立企业形象、宣扬企业理念以及回应外界评论等方面，能够发挥出非常积极的作用。他们不但是企业精神的传承者，而且是企业文化的传播者。

例如，离职员工在新公司、新岗位上的出色表现，可以折射出原公司的企业文化。通用电气（GE）之所以有极高的知名度，就是因为它被称作"CEO的摇篮"。

3. 离职员工的信息价值

很多离职员工都具有丰富的从业经验和专业技能，因此，他们能够给公司传递宝贵的市场和技术信息，并提供一些合作的机会。所以很多企业都愿意在离职员工身上投入大量的资本，并通过他们向现任企业提交商业计划书，以抢先获取很多有价值的信息和创意。

4. 离职员工的商机价值

良好的离职员工关系，能够为企业创造无限商机。例如，麦肯锡公司早就深知，随着这些离职员工职业生涯不断发展，他们肯定会成为公司未来的潜在客户，为公司创造很大的商机。

一位曾经就职于ANTAL国际的离职员工，跳槽到某国际知名制药企业担任中国区的招聘主管，而ANTAL国际也为该行业提供人才招聘服务。双方知根知底，也就减少了建立信任的程序；因此，双方很快就签订了很多合作合同，而这仅仅是众多生意中的一部分。

5. 离职员工的人才价值

离职员工是公司未来再招聘人才时最合适的人选。对人力资源成本来说，与雇用一位新员工相比，企业再次雇用离职员工的成本仅为前者的一半左右。由于对公司流程与组织的熟悉，因此，前离职员工回原单但工作能更快进入高效工作状态。据有关部门统计，在投入工作后的第一个季度，这些"吃回头草的离职员工"的生产率，要比那些新招聘员工高出40%左右。

很多世界500强企业通过积极返聘前离职员工，每年能为企业节约大量的人力资源成本。

摩托罗拉公司有一套非常科学、完备的"回聘员工"制度。为了鼓励之前离职的"核心人才"返回公司，摩托罗拉制定了相应的服务年限计算办法：假如前离职员工在6个月之内被重新聘用，其服务年限将会被累计计算；如果超过6个月，就按照该员工以前服务的年限提供奖励。

此外，如果员工在6个月之内被重新聘用，而且在辞职前已经是正式员工，就可以免除他的试用期。

美国著名咨询公司麦肯锡的资深专家马尔里克博士曾说："虽然新草看上去更绿一些，但事实可能并非如此。我们在第一次使用他们时，可能没有发现他们真正的价值所在，也没有给出相应的承诺。但在第二次使用他们的时候，我们就可能会发现金矿。"

实际上，对那些跳槽的优秀员工来说，重返公司效力不但聘用成本极低，而且忠诚度也会更高。因此，目前西方很多公司都对离职员工的再度聘用方面有制度上的倾斜。例如，IBM公司认为，从IBM离开的员工出去干上几年后一定会学到一些新东西，如果他们愿意再回IBM，公司的大门就会为其敞开，同时，他们也会增加新的价值。

让员工"完美离别",做好离职管理

小希在两年前进入一家公司,该公司的薪资待遇处在"比上不足,比下有余"的水平,节假日都会发放各种福利,而且小希与同事之间合作得很愉快,相处得也很融洽。

前不久,小希因个人原因不得已离开那家公司。就在小希递上辞职信的那一刻,她的心里还特别纠结,感到十分不舍。

但就在她依依不舍地进行工作交接时,公司的一些举措却让她心灰意冷,恨不得能够立刻离开那里。原来,公司的一些同事得知小希要走之后,对她百般冷漠,不但碰面时形同陌路,甚至将小希从各种QQ群组中移除。

俗话说"人走茶凉",小希还没有离开公司,就遭受到了这些待遇,这家公司简直没有一点人文关怀。小希此后一直郁郁寡欢,还没有到离职日期就提前离开了。

我们从这个案例中看到,这家公司没有做好员工的离职管理,起到了非常不好的负面作用。有句古语说的是"善始善终"。因此,公司应该重视员工的离职管理,让离职员工成为企业人文关怀的宣传者。

下面,我们首先来了解一下什么是离职管理。离职管理是指用于员工离职过程的管理，具体包括以下几点内容。

1. 员工离职的流程管理

很多比较规范的公司都会详细规定员工离职的程序，例如，填写离职单、离职面谈、核准离职申请、业务交接、办公用品及公司财产的移交、监督移交、人员退保、离职生效、资料存档以及整合离职原因和离职员工的后续管理等。

企业必须重视离职管理的每一个程序，并将其落实到细节中去。主要应注意以下几点。

（1）通过对员工离职的管理，了解组织机能的状况，并提供相关的数据与意见。

（2）在每一个程序和环节中，都必须有相应的表格和离职员工本人的文字记录。

（3）一个规范的员工离职管理能够减少因人员流失而带来的损失，能够规避各种纠纷和法律风险。

2. 加强员工离职的商业秘密管理

商业秘密和核心技术是企业拥有的极为重要的知识资产，因此，企业必须注意员工离职时的商业秘密管理和保护，主要包括以下两点。

（1）企业应建立一个严格的信息控制制度，并严格规定信息使用的级别制度、设置信息管理中心和专职管理员加强保密工作。

（2）应该对掌握商业机密和核心技术的员工实行一定的脱密期和竞业禁止管理。

3. 做好员工离职面谈

在整个员工离职管理中，离职面谈是其中非常重要的一环，却被很多公司忽略。通常情况下，离职面谈的参加人员应包括：离职员工本人、人力资源经理和离职员工的直接主管领导。

此外，离职面谈时需提前准备好一些资料，其中包括：离职者的个人资料，离职者的离职申请表，离职者以往的考核记录，等等。

进行离职面谈，应注意以下几点。

（1）面谈的重点是要得知员工为什么要离职，然后针对某些因素进行改进，以防止流失更多的员工。

（2）面谈地点要有隐私性，保证谈话不会被干扰，并让离职员工能够无拘无束地谈论。

（3）面谈时不要只是发问，而要积极地倾听，如有不清楚之处，还要仔细询问。

（4）要让离职员工感受到你的真诚。

（5）面谈应以开放性的问题为主，让员工可以按照自己的个人经验回答，同时应避免问一些太过笼统或引导性的问题。

面谈结束之后，应将面谈记录汇总，针对一些具体问题进行分析，然后整理出员工离职的真正原因，并且提出相应的改善建议。

此外，员工离职分析要与公司的整体管理工作结合起来分析，比如绩效管理、职类管理、部门职责、工作任务、职业发展渠道、薪酬等。

4. 善待每一位离职员工

麦肯锡公司对离职员工进行关系管理，把他们当作麦肯锡的"毕业生"，并建立离职员工数据库。这种管理方式非常人性化，也就是把离职员工当作自己的朋友看待。而这些离职员工，实际上也是公司未来的潜在合作伙伴和客户，有可能继续为公司创造价值。

5. 规避离职员工对企业产生的负面影响力

员工离职对企业会造成很多影响。因为按照心理学家的分析，一个人的社会关系可以延伸到250人，也就是一个人的有效影响范围可以达到250个人。因此，如果企业无视离职员工，甚至将其像仇人一样对待，对企业产生的负面宣传就可想而知了。

例如，一家商业连锁企业的员工离职后，在自己的亲朋好友面前不愿意再提起这个雇主，甚至连购物都不愿意去这家企业的店面。如果这家企业对待所有的离职员工都是如此，负面宣传效应就会不断发酵、扩大。反之，如果这家企业对员工离职时给予了充分的理解和支持，并给予了应有的尊重，员工就会知恩图报，进而维护企业的品牌。

因此，对于员工离职，企业要具备一种开放的胸怀以及足够的气魄，还提前做好离职员工的管理应对工作。这样，企业就会在员工离职的问题上变被动为主动，并实现双赢。

看好企业的"萧何",留住中层管理者

如果企业不想错过发展的大好良机,并希望在激烈的市场竞争中保持领先,就必须开足马力不断地招贤纳士,并以高薪、高职位的待遇吸引人才,因此,很多企业中优秀的中层管理者及专业人才就成了HR总监的发掘目标。

而另一方面,如何留住企业自身的核心人才也成了人们普遍聚焦的关注点,尤其是那些起到承上启下作用的优秀中层管理人才。那么,中层管理人才具备哪些优秀素质呢?

中层管理人才普遍存在于产品研发小组、策略规划部门、营销部门、人力资源部门、财务部门、生产一线等重要岗位;他们是信息的传递者、联络人和任务的分配者,任职时间可能在3年以内;他们不断寻求更好的工作方法、寻求更大的工作挑战,始终保持低姿态并善于与他人合作;他们拥有创新精神,面对困难时能激励自己和下属员工。具有这些优秀素质的员工,通常是企业中的中流砥柱,也是企业需要留住的人才。

那么,怎样才能未雨绸缪,留住这些中层管理人才呢?很多人都会认为留住人才的最好办法是给他们不断地加薪。但现实并非如此,因为这种手段其他公司也能够做到。同时,对中层管理人才来说,他们在一段时间

内可能会非常关注薪水，但如果对工作、对公司，甚至对前景失去了兴趣或信心，离开公司就成为必然了。

因此，企业如何留住内部的关键人才，已经成为人力资源部门的一个全新的课题。下面，我列举一些优秀公司的成功做法。

1. 为中层管理者制定职业生涯规划

要想留住公司的关键人才，企业可增加工资、奖金、股权以及提供一些特殊的福利待遇等，但这些方法很多公司都能做到；在做到这一点的同时，企业还应采取一些辅助措施，其中，最重要的措施就是给他们制定职业生涯规划，这对于刚刚任职的中层管理人才尤其重要。

在为他们进行职业生涯规划时，相应的职业培训与指导是必不可少的。为此，波士顿集团总裁布赖恩·斯特恩曾说："我们为中层管理者提供其不断发展和提高的途径，具体做法是开办培训课程，使他们能更加容易地跟上时代发展的步伐。此外，我们还将为他们提供相关资料和指导顾问，以更好地为他们服务。"

世界500强企业美国康宁公司制订了一项"职业适应"计划，以帮助中层管理者在学习的过程中不断地提高和进步。

2. 为中层管理者制订职位置换计划

对在同一岗位上工作多年的中层管理者进行职位置换可以全面锻炼他们的才能，还能使他们更加全面地了解公司的整体业务，并为公司培训后备的高层管理者。

美国的美孚石油公司会在公司内部进行层层筛选，以发现未来的"超级明星"。经过筛选之后的中层管理者将参加公司的全球领导才能发展计划，并轮流到公司不同的职能部门工作。

同时，公司还为他们中的每一个人配备一位发展联络人，由一位不是其直属领导的经理担任。全球领导才能发展计划能够充分发挥出不同层次中层管理者的能力，提前给予他们提升的机会并安排多种工作，以期能够从公司内培养出未来的负责人。

3. 为人才提供规模定制计划

一些知名公司甚至给中层管理人才提供这样的条件：如果在我们这里工作，你就可以自己选择工作时间，选择工作方式，甚至在有些情况下还可以选择与你共事的员工。

世界四大会计师事务所之一的安永会计师事务所就实施了规模定制计划，该公司还专门设立了挽留人才办公室。该办公室的一位总监表示："我们曾对所有可以灵活掌握工作时间的中层管理人才进行了一项调查，结果表明，如果没有公司推出的这个有利条件，就会有超过65%的人才跳槽。"

4. 危险图

公司只有更多地了解中层管理者的精神状态，才能更好地为他们提供支持和服务。为此，一家公司采取了一项新措施，要求公司的中层管理者画出其所谓的满意坐标：一条轴反映目前的工作表现；另一条轴则反映离开公司之后的可能性，即危险图。

这种危险图能够反映出他们具体的工作职能、对工作的满意程度及未来可能下降的点。在到达这些下降点之前，公司就可以采取一些旨在帮助他们度过危险期的刺激措施。例如，给他们布置一项有特定目标的工作。

为此，该公司的一位高管说："在没有职位空缺时，我们建议布置一项有特定目标的工作，因为想要离职的人才，如果在一项引人注目的工作中中途离开，就会感到十分内疚。这可以让公司有几个月的过渡期，直至找到这名人才期盼的晋升机会。"

5. 制订跟踪计划

如果公司极力挽留人才，但他们依然选择离开公司，那么也不能说这种挽留人才的努力是毫无价值的。有些公司制订了人才的"跟踪计划"，用来掌握员工的去向。

当人才离职6个月以后，斯普林特公司就会给他们打电话，请他们回答"你离开公司的真正原因是什么"等问题。还有一些知名公司则以亲切关心为借口,比如询问他们的新工作如何,尽力争取离职的人才重新回到公司。

当然,不能把工作重点只放到挽留一些值得挽留的关键人才上,要留住这些关键人才,公司还需要制定一些公正、合理的制度,并且给他们委派一位能干并让他们服气的领导。同时,挽留人才的战略应该由各部门领导来执行,而不是仅靠人力资源部门。

"关羽们"怎么办？应对核心人才流失的方法

F公司是南方一家民营企业，主营日化产品的生产和销售。近几年来，公司的业务发展迅速，销售量也逐年上升。但这家公司有个不好的做法，那就是每当销售旺季到来时，公司就会招聘大批销售人员，而一旦到了销售淡季，公司又会裁掉很多销售人员。

为此，公司的销售总监罗明曾给老板提过几次意见，但老板不以为然，仍然按照自己的习惯来对待销售人员。罗明感到十分无奈，但又无可奈何。

又一年的销售旺季到来了，这种制度终于迎来了挑战。原来，已经跟随老板多年的销售总监罗明与公司大部分销售人员集体辞职，致使F公司的销售工作处于瘫痪状态。

此时，老板才感到事态严重。因为招聘普通的销售人员相对比较容易，几天即可完成，但像罗明这样熟悉业务和掌握销售渠道的销售总监，却很难找到。

于是，老板亲自去请罗明，并为其开出极具诱惑力的年薪，希望他与销售骨干能重回公司，但最终失望而归。此时，老板心生悔意：为什么自己当初没有下功夫留住核心人才呢？

我们从这个案例中看到，核心人才的流失是令很多企业感到头痛的问题。F公司留不住核心员工，在激励、内部沟通等机制上都存在着很多问题，这与该公司对核心员工的不够重视有关。

著名管理学大师彼得·德鲁克提出的"二八原则"认为，20%的核心人才能够为公司创造80%的价值。微软软件公司创始人比尔·盖茨曾经开玩笑说，谁要是挖走了微软公司最重要的几十名核心人才，微软就会倒闭。

所谓核心人才，指的是能够对公司发展起到巨大的影响作用，并在某方面"不可代替"的员工。简单来说，企业的核心人才是指那些拥有专门技术、掌握核心业务、控制关键资源以及会对企业产生深远影响的员工。核心人才通常具备下列特征。

（1）能够创造、发展企业的核心技术。

（2）能够推动企业的技术和管理升级。

（3）能够扩大企业的市场占有和提高企业的经济效益。

（4）工作务实、积极，富有牺牲精神。

企业要想真正留住核心员工，就必须尽快从传统的人事管理转变到科学的、现代的人力资源管理中来。也就是说，在当今知识经济的时代，企业不但要把人力作为一种资源，而且应当作为一种创造力越来越大的资本进行经营与管理。

但从另一个角度来看，人才的离去也是一种正常现象，企业应该尽快转变传统的人才管理理念，以正面应对人才流失问题。具体来说，企业通常可以采用以下策略应对。

1. 留不住，就为其送上祝福

俗话说："天下没有不散的宴席。"有聚必有散，人才总有离开的那一刻。在一些管理规范的企业，老板面对人才的离职往往会采用宽容的心态，既然留不住，就愉快地为其送上祝福，希望以后还有继续交往与合作的机会。

2. 不要让公司得了"健忘症"

如果公司认为离职的人才就像泼出去的水一样，对其不管不问，就会被称为患了"健忘症"，也突显了公司无情的一面。而那些容易患上"健忘症"的企业，往往没有做好公司的文化传承。

美国斯普林特公司总是在公司重大周年庆典时，邀请离去的人才参加，让他们与老同事一起分享企业成功的喜悦。同时，一些核心人才的优秀事迹，还会被整理成公司的经典案例，通过企业培训和文化传承来继续感染下一代员工。

3. 从"终身雇佣"到"终身交往"

从"终身雇佣"到"终身交往"，两者之间其实并不矛盾，因为人才终究会有离去的一天，虽然不再是雇佣关系，但仍然可以保持良好的交往。

著名的国际咨询公司——贝恩公司的全球执行董事汤姆·蒂尔尼曾说："人员流失并非坏事！如果我们吸引了最优秀和最聪明的人才，则他们往往是最难留住的。我们的工作是创造有价值的事业让他们在公司停留一天、一个月或一年。但如果你认为你最终能困住人才，那就是愚蠢的。应该在他们离职之后继续与他们保持联系，把他们变成公司的拥护者、客户或者商业伙伴。"

4. 让离职的核心人才吃"回头草"

公司一方不但要摒弃"好马不吃回头草"这一思想，而且要营造出欢迎离职人才"吃回头草"的氛围和机制。如果公司这样做，则不但可以在员工心目中树立"以人为本，宽容大度"的形象，还可以增强公司的向心力和凝聚力。

经典案例：麦肯锡公司，离职员工管理的典范

麦肯锡是全球领先的管理咨询公司。自1926年成立以来，公司旨在帮助那些在行业中领先的企业机构，实现更显著和更持久的经营业绩，并打造一个能够吸引、培育和激励杰出人才的优秀企业。

据有关数据统计，在全球年销售额超过100亿美元的公司中，有200多位现任CEO是麦肯锡的"毕业生"。而麦肯锡也被福布斯杂志评为了当今世界最大的CEO"黄埔军校"。所以说，这些顶级公司的CEO们所受到的各种职业熏陶，都离不开麦肯锡领导力的培养。

◎ 麦肯锡的选才之道

麦肯锡公司已连续多年被全球一流商学院MBA学生视为最向往的工作场所。而麦肯锡公司每年招聘的员工几乎都来自于世界各国的名牌商学院、法学院以及经济学或金融学研究生项目所培养出来的"尖子中的尖子"，其中的70%具有MBA学历，另有30%则拥有其他高级学位。

麦肯锡的一位合伙人曾经这样说道："对麦肯锡来说，人才是唯一的，也是最重要的资产。"因此，选拔人才除了要求要有一定的专业技能之外，麦肯锡还非常注重员工在下列几个方面的素质。

1. 分析与解决问题的能力

麦肯锡在招聘时，案例是其必备的武器。通常在每一轮面试中，麦肯锡都会挑选很多案例对应聘者进行考查。但值得注意的是，这些商业案例大多没有什么标准答案，而看重的往往是应聘者是否具备解决问题的好思路和好方法。

2. 良好的沟通、交往能力

对麦肯锡来说，"客户至上"是其一贯的宗旨。因此，每一个麦肯锡的咨询顾问，都会经常与客户打交道，也就是为客户服务。如果员工不具备良好的沟通、交往能力，就不能胜任麦肯锡的工作。

3. 领导力或领导力的潜力

麦肯锡公司具有独特的合伙人制度，也就是说，一个非常勤奋而且业绩优秀的员工，往往经过6～7年的时间就可以做到麦肯锡的董事，即合伙人。因此，麦肯锡希望招聘的员工要具有领导意识以及领导能力，而不能只是一个简单的追随者。

4. 团队精神

在麦肯锡，任何咨询人员都可以访问公司内部的知识管理系统，了解、学习这些专业知识与信息，并使用麦肯锡全球系统的知识库。而且麦肯锡的每一位员工，都可以在遇到难题时向全球各地的其他同事寻求帮助。

这是因为，麦肯锡更看重的是团队能够取得成功。为此，国内一位著名的经济学家曾经谈到，在麦肯锡中，一个咨询顾问可能并不是最优秀的，但他们加在一起，就是世界最强的团队组合。

此外，麦肯锡员工的工作非常辛苦，平均每天的工作时间都超过10小时，而员工为了工作，就会经常与家人聚少离多。因此，麦肯锡的员工还必须具备另一种素质：既要特别能吃苦，又要具备远大的志向和坚韧不拔的毅力。

◎ 留住最优秀的人才，其他员工"不进则退"

在麦肯锡公司，所有的员工都会有很大的上升空间，其中包括晋升和技能的提升。但对员工的晋升，公司却有着十分严格的规定。

1. 从普通员工到高级咨询顾问

刚刚入职的普通员工是从分析员开始做起的，经过2年时间后，接受公司的考核，如果合格，就可以被提拔为高级咨询顾问。

2. 从高级咨询顾问到资深项目经理

员工在升为高级咨询顾问之后，需要再经过2年时间的考核。其中的优秀者，即可升为资深项目经理。

3. 从资深项目经理到董事

通常情况下，如果成了资深项目经理，也就等于成为晋升为董事的前身。也就是说，资深项目经理在通过了公司的业绩审核之后，就可以被升迁为公司的董事，即麦肯锡的合伙人。

这种晋升的机制看起来十分诱人，其实却存在着"不进则退（UP OR OUT）"的残酷竞争，这是因为，在"不进则退"的过程中，往往会有80%左右的员工就此离职。

但即便是从麦肯锡公司离职，也不意味着"世界末日"到来，因为他们中的很多人，就算离开了麦肯锡公司，也很快就会被猎头公司"挖"到众多的知名企业中，并且在职位上得到进一步的提升。

也就是说，麦肯锡公司的员工并没有在"不进则退"的惨烈竞争中遭受任何的损失，因为他们在麦肯锡公司学习到了更多的知识和能力，最终能够在其他公司实现或创造出更好的自我价值。

◎ 重视离职员工，独特的"麦肯锡校友录"

尽管有80%左右的麦肯锡员工最后选择离职，但实际上，很少有人会真正离开麦肯锡。在麦肯锡公司看来，离职员工绝对不是失败者，也不是被"泼出去的水"，而是极其珍贵的资源。

因此，麦肯锡公司将员工离职视为一次毕业离校。他们对待离职员工的态度是想尽一切办法与他们保持联系，使其继续了解麦肯锡公司的动态。同时，公司还帮助他们尽快建立一个新的人脉关系，使其能够迅速成长。

此外，麦肯锡公司还为他们建立了一个被称为"麦肯锡校友录"的数据库，其中包含离职员工个人的基本情况、新的联系方式和职业变动等情况。因此，麦肯锡的离职员工就成了遍布世界各地的"校友"。

就这样，麦肯锡公司通过培育其遍布各行业的"毕业生网络"的投资，为公司带来了巨大的回报。例如，麦肯锡的离职员工为公司带来的业务大约会占到其总业务的一半。这是因为，遍布世界各地的离职员工，都成为麦肯锡遍布世界各地的"间谍"。当他们所在公司需要咨询服务时，首选公司就是自己以前工作过的麦肯锡公司。

因此，麦肯锡公司也被称为"离职员工"管理的典范。

第十章
吸引人才的最佳载体，塑造良好的企业文化

企业文化是企业在长期发展过程中，所产生的由价值观念、行为准则、道德规范、文化传统、风俗习惯、管理制度、处事方式等组成的特有的文化形象。企业文化是一个企业的灵魂，是推动企业发展的源泉和动力，其核心是企业的精神和价值观。但企业文化的建设是一项系统工程，需要进行长期的培育和发展，并非一朝一夕能够完成的。企业要想真正做大、做强，并步入辉煌，就必须普及和深化自身的企业文化建设。

各级管理者，在建设企业文化过程中的不同定位

　　企业的文化建设产生于企业的生产经营和管理之中，其建成标志是企业员工的认同与内化。从企业文化产生的渊源而言，企业员工一方面是企业文化的创造者，一方面又是企业文化的实践者。

　　因此，企业创始人只有通过自身的感召力和亲身示范，并使其形象在员工中产生模仿效应，才能更有力地促进企业文化的建设与发展。否则，企业就会丧失对企业和对员工的凝聚力、控制力与影响力，并产生不良后果。

　　那么，企业的各级管理者在企业文化建设中如何定位呢？下面，我分别从企业创始人、高层管理者、中层管理者及基层管理者这四个层次进行分析，来探讨企业各级管理者在开展企业文化建设中的定位问题。

　　1. 企业创始人的定位

　　企业创始人作为企业的最高领导，既是企业生产经营的决策者，又是企业文化的倡导者和培育者，更是企业文化建设的人格化代表和推进企业文化建设的第一责任人。因此，企业创始人在文化建设中居于核心地位，其行为决定了企业文化的形式，并对企业文化产生重要的影响，发挥着核心与主导的作用。

　　也就是说，企业文化从建立、发展到创新的过程中，企业创始人都起到了决定性的作用。同时，他们还必须要以身作则、率先垂范，并让自己

的行为成为企业价值观的载体。而另一方面，企业文化还能反映出他们的创业意识、经营战略、发展目标、价值追求、管理风格与工作作风，进而折射出企业创始人的文化底蕴、智慧追求与个性风格。

此外，企业创始人作为企业的决策者、经营者和管理者，在企业文化建设中的不同阶段有着不同的含义。

（1）创立阶段。在企业文化的初创阶段，企业创始人是企业文化的奠基人。此时，他们的远见卓识、核心价值观与目标追求，往往决定了企业未来的发展走向。

（2）建设阶段。在企业文化的建设阶段，企业创始人是企业文化的设计师，在设计、构想企业文化建设的蓝图规划、任务内容、实施步骤等方面做出了突出的贡献。此时，他们的精神状态、文化水平、思想高度和领导艺术等，能够对企业文化建设产生非常深远的影响。同时，企业创始人还承担起企业价值理念的传承与创新、宣传与传播、教育与培训，并内化成为公司员工的一种自觉行动。

（3）变革阶段。在企业文化的变革阶段，企业创始人是企业文化的促进者。此时，面对企业未来的生存、发展和变化，他们需要时刻关注自身的理念更新、文化提升和流程再造，进而不断实现企业文化向更深、更广的领域辐射，以及向更高层次发展。这需要他们具备强烈的开拓意识，能够引领员工逐渐摒弃陈旧的观念与行为方式，进而提升企业文化，增强企业持久的竞争力。

2. 高层管理者的定位

高层管理者在企业中所占的地位比较特殊，他们能够把握企业文化的内涵与实质，这使得他们对企业文化的理念和执行具有较大的影响。

因此，高层管理者应当成为建设企业文化的积极倡导者。但作为倡导者，高层管理者需要坚定信念，并将企业的使命、愿景和价值观铭记在心中，以实际行动并通过适当的手段倡导企业文化。

3. 中层管理者的定位

中层管理者可以作为企业文化建设的传扬者,并发挥出以身作则、积极培训、指导下属员工的作用。

作为企业文化的传扬者,中层管理者要成为员工的示范者,并做到表里如一、言行一致,带头践行企业的文化价值理念。

此外,由于团队和员工在企业文化建设的过程中常常会遇到困惑、冲突和挫折,导致难以适应新的文化价值观;因此,中层管理者还应成为下属员工的指导者,并给予他们及时、有效的指导和帮助,以解决员工存在的问题。

4. 基层管理者的定位

一方面,基层管理者,应该担当培育者的角色,在企业文化建设中做到学以致用。而企业也应当因人而异地发挥他们传扬企业文化的骨干作用,从而在与员工的交往互动中,亲自给他们指点、开导、启发和感染。

而另一方面,基层管理者最能深刻感知外部环境发生的变化,如果他们能够做到学以致用,就可用新的价值观念、思维方式和行为方式来推动企业文化的变革,进而保持企业的不断创新与进步。

总之,在企业的文化建设中,各级管理者的性格、气质、能力、个性倾向等各方面,都会对企业文化的方向、内容产生很大的影响。因此,他们应当从实际出发,从企业长期的发展战略方面进行思考,以确保企业的未来朝着越来越好的方向发展。

企业文化的认识误区

有人认为,企业文化就是企业之歌、企业标志、企业口号、企业宣传语等,甚至还有人将企业的文体活动称为企业文化。那么,企业文化到底是什么?

企业文化是企业内部成员的共同价值观体系,具体表现为企业的"个性与风格",它以企业宗旨和企业理念的形式得到提炼与概括,并获得传播,最终通过企业输出的产品以及员工的行为习惯体现出来。

企业文化的存在是面对竞争和面对环境所做出的选择,是实现企业战略目标的基石,又是吸引优秀人才的保障。企业文化的核心价值观表现在具体的行为上,就是企业的凝聚力,以及员工对企业的忠诚度、责任感、自豪感、精神面貌和职业行为规范。而企业文化的改变会带动行为方式的改变。

此外,企业文化还具备开放性、阶段性、发展性的特点。在现代企业中,企业文化是管理的生命线,因此,企业应正确认识企业文化的内容,并发挥出管理者对企业文化建设的重要作用,避免陷入认识误区。

误区一:企业文化的关键在于设计

很多人认为,企业文化是请人设计出来的,因此,设计的语言越漂亮越好。于是，很多企业的企业文化建设将设计作为其最核心的步骤，进而片面地追求华丽的语言和响亮的口号。因此，我们看到有很多企业的企业文化是雷同的。

实际上，企业文化并非语言越漂亮越好，或者是越拔高越好。不能有效实施的企业文化设计，一定是一个失败的设计。因为企业文化不但要叫得响，而且要用得着、分得出、立得住。

我们以联想和万科为例。在联想的企业文化中有"办企业就是办人""小公司做事，大公司做人"等朴实无华的语言，却是联想文化的特色，并为联想人津津乐道。同样，万科在房地产业大谈利润、空谈品牌、奢谈文化的背景下，却始终坚持和倡导"健康丰盛人生"的理念，最终造就了万科独具特色的企业文化。

误区二：每个企业都会有企业文化

有人认为，每个企业都有自己的企业文化，这是一个认识误区。因为是否具备企业文化，其衡量标准是企业在环境中的生存状态、在竞争中的竞争状态，以及产品和企业获得客户的认同度、员工的凝聚力与忠诚度。

如果企业在以上几个要素中没有得到认可，就说明企业文化并没有真正形成，或者说企业文化还只处在初创阶段。

误区三：企业文化就是企业创始人文化

企业文化的形成过程是由企业创始人向核心管理层、中坚力量、普通员工逐层推进的过程，这在初创型的企业中表现得尤为明显。于是，有人就此认为，有什么样的创始人，就有什么样的企业文化。

不可否认，企业创始人对于企业文化有着决定性的作用，但这种作用往往体现在构建企业文化的过程中，体现在如何推进和倡导企业核心价值观的过程中，同时也体现在身体力行、示范企业价值观的行为中，而不能说企业创始人直接代表了企业文化。

如果企业的文化完全是老板文化，就说明这个企业还停留在初创阶段。但在企业从初创阶段向成长发展阶段前进的过程中，最重要的转变就是企业的管理团队需要承担很大的责任，员工同样需要承担一定的责任。因此，对企业文化的价值判断就会通过管理团队与员工的行为选择体现出来，而不是通过企业创始人体现出来。

误区四：将企业文化孤立于战略、组织、团队之外

一个公司从普通到优秀，从优秀到伟大，其核心竞争力的最重要组成要素就是公司文化，而能够让公司文化发挥价值的关键就在于公司战略、组织和团队的有效支持。因此，将企业文化孤立并脱离于公司其他管理元素之外，甚至笼统地认为企业文化无所不包，不需要其他管理元素的支持，显然是一个认识上的误区。

因为所有成功的企业都是战略、组织、团队、文化这四个要素的有机融合与互动。其中，企业文化是公司的价值核心与理念精髓，是制定公司战略、构建公司架构、指导团队建设的理念基础。如果离开战略、组织、团队这三个维度的有效支持与协同，则企业文化只能成为空中楼阁。

误区五：企业文化建设只是职能部门的事情

有些企业领导人认为，企业文化建设与自己关系不大，只是职能部门的事情，因此，只要将其作为一项工作分派下去即可。但企业文化建设如果离开了领导人的核心参与，则根本不可能取得成功。

具体来说，领导人在企业文化建设中发挥着以下几个核心作用。

（1）企业的价值理念、目标设定、战略思考、经营动机、管理方针等方面，都必须被领导人认可。因此，企业领导人就成为企业真正的精神领袖和形象代言人，正如，提到阿里巴巴必然谈到马云，谈到万达必然想到王健林一样。

（2）领导人在宣导企业文化的精髓以及推动员工对企业文化的认同和实践方面，起到了不可替代的作用。

（3）对于推动建立以文化认同为核心的人才选拔、培养、使用、激励体系，领导人起到的作用同样不可忽视。

因此，如果企业的文化建设缺少了企业领导人的参与，就不可能取得成功。

误区六：企业文化的"不变论"与"唯变论"

当企业文化形成以后，很多人在"变"与"不变"的问题上争论不休。有人认为企业文化应该"始终不变"；也有人认为，唯一不变的是"变化"，企业文化也不例外。

为此，在被誉为"20世纪最佳商业畅销书之一"的《基业长青》中，作者对企业文化是否变化，总结出了"保存核心，刺激进步"这八字箴言。也就是说，企业的核心价值观应当始终保持不变，其核心基础应"坚如磐石，始终不变"。但在保存企业文化的核心理念之余，企业也应展现出追求进步的强大动力。

举例来说，惠普公司核心理念中的"尊重和关心每个员工"、沃尔玛公司核心理念中的"超出顾客的期望"、波音公司核心理念中的"领导航空工业，永为先驱"、3M公司核心理念中的"尊重个人的首创精神"等，都是这些企业恒久不变的部分，但基于这些核心理念指导下的非核心特征却在不断发生改变。

因此，企业的核心价值观应保持不变，但其他部分都是可以改变，甚至是必须改变的。

总之，很多人在企业文化的认知上存在着上述误区，这就要求我们回归到企业文化的本身上来理解，从而构建一个适合自身企业发展的企业文化。

注重细节，让企业文化落地生根

某银行分行行长亲自率团前往L公司洽谈合作事宜。他们于早上7点准时抵达公司，但此时距离公司上班的时间还早，行长一行人都没有吃早餐，而且由于L公司位于郊区，因此，附近也找不到一家早餐店。

后来，行长等人经过询问，得知L公司有一家职工餐厅。于是，他们来到了餐厅的窗口询问："我们能否在这里吃早餐？"

服务员回答说可以，但按照餐厅制度必须刷卡。而当了解到客人没有就餐卡时，服务员建议他们用现金来换一张员工餐卡。

客人与餐厅服务员之间的对话被一位普通职工听到了，他非常热心地将自己的餐卡借给了客人。

等到客人购餐完毕后，他们立刻将餐卡交还给原主并附上餐费，但这名普通职工以对方是客人为由婉言拒收了餐费。

这件事情虽然很小，却令客人非常感激，立即追问他的名字，但这位职工只是微微一笑，然后就走开了，并没有留下自己的姓名。

后来，行长对L公司的领导说："我们初来乍到，人生地不熟，竟然能够得到素不相识的职工的热情帮助。从这件小事上就能看出公司广大职工良好的综合素质以及公司良好的企业文化。"因此，该行长表示，这件事情促使他们增强了向L公司投资的信心，并准备与对方展开更广泛的合作。

我们从这个案例中看到，在一个小小的细节中，往往蕴含着一个企业的企业文化，即"一叶落而知天下秋"。换句话说，企业中每一位成员看似不起眼的行为，都可能在一定范围内产生很大的影响力，并在一定程度上展现其核心价值观。而对企业而言，这种核心价值观的直接载体就是企业文化。

因此，企业文化不只体现在那些"高大上"的宣传口号上，还表现在每位员工关注细节、重视细节和做好细节等诸多方面。同时，我们也可以这样定义，企业文化实际上就是一个企业在各种细节上的日趋完善。

这是因为，企业文化虽然涵盖了BI（行为识别系统）、VI（视觉识别系统）、MI（理念识别系统）等诸多方面的因素，但是最终还是需要通过企业及企业员工在细节中体现出来。"窥一斑而知全豹"，说的就是这个道理。

这种通过细节表现出一个企业文化的例子数不胜数，比如下面这个案例。

松下电器的创始人松下幸之助，曾经与一名员工到一家企业进行考察，准备洽谈双方之间的合作事宜。

但令员工感到奇怪的是，松下幸之助来到公司之后并没有听取对方的汇报，而是在对方的生产车间仔细观察了一遍，然后与工人交流了很长时间，随后他就离开了。不过，双方合作的事情也就此确定下来。

为此，这名员工感到很不理解，他询问松下幸之助，为什么没有听到对方的汇报就做出了决定。松下幸之助回答说："看一个企业，最主要的是看他的精神。做出与对方合作的原因其实很简单，我从工厂车间的面貌以及工人的言谈举止就能够了解和认识到对方的企业文化。事实将会证明，这个企业一定会是一个充满活力和极具发展前景的企业。"

后来，果然如松下幸之助的预料，对方能够保质保量且准时为松下公司提供产品，松下公司与这家公司之间的合作非常愉快。

我们从这个案例中看到，企业文化有时候所表现出来的内涵就是这么简单，它表现在企业中的每一位员工身上，通过他们在很多点点滴滴的细节中表现出来，并体现出整个企业全体员工共有的素养。

也就是说，企业只有注意细节，并在每一个细节上下足功夫，与其他企业相比建立起"细节优势"，才能保证企业的可持续发展。

因此，企业在战略和战术以及宏观与微观的平衡之中，更应该注重细节，让企业文化能够落地生根。具体来说，企业应该从以下几个方面考虑。

（1）企业的每一名员工，都应当将自己的本职工作做到精细的程度。

（2）企业的发展战略应该融入企业的细节中来，并使其制度化。因为再好的战略，如果没有细节的执行，就会等于零。而细节的执行则在基层，所以在基层执行细节是企业高层的第一责任。

（3）细节的执行往往决定了企业本身具备素质的高低。因此，企业进行有效的监督，员工才能执行细节。

虽然说独具魅力的企业文化，都会有极为丰富的内涵，但企业更应该在细节中体现出良好的素质与精神风貌，进而展现出公司的企业文化和品牌价值，并让企业文化的精神处处闪光。

跨文化现象，跨国公司融合企业文化的方法

很多跨国公司都拥有先进的企业文化，并具有不同于国内企业的许多独特属性，这也是它们最宝贵的资源及核心竞争力。

但是跨国公司会带来一个问题，那就是跨文化的现象。跨国公司面对不同国家的文化理念对于企业文化的冲击，能否实现企业文化的融合，是其发展成败的关键因素之一。

世界500强企业沃尔玛公司的跨国并购企业非常多，因此，沃尔玛高度重视对跨国企业的文化风险评估。为此，沃尔玛还开发了一款跨国并购文化整合风险评估矩阵，对其文化整合的难度进行评估和预判。

沃尔玛通过建立文化兼容性评估指标体系，以及由企业内部专家和外部咨询机构进行评分，将目标公司与沃尔玛企业文化的差异分成了四类。

（1）相容型。

（2）模糊型。

（3）摩擦型。

（4）冲突型。

在对外企业的并购中，沃尔玛优先考虑相容型的目标公司，放弃冲突

型的目标公司；而对于摩擦型和模糊型的目标公司，则要根据评估的实际结果，来制定一些有针对性的文化整合预案和风险防范措施，最终规避因跨文化而产生的整合风险。

我们首先来看一下跨文化企业面临着哪些困难。

1. 多元性的价值观和信念

跨文化企业员工普遍都具有多元化的价值观念以及复杂的信念结构，这种特点在企业成立之初尤为明显。

2. 在行为方式上有一定的文化冲突

在一定程度上，跨文化企业内部仍旧存在着"大同而小异"的行为规范和习惯。它们有些是互补的，有些则是相互矛盾的。这就导致跨文化企业在行为方式上有一定的文化冲突。

我们先来看一则笑话。一位国际商学院的教授要求几位不同国籍的学生，以"大象"为题写一篇论文。结果令人感到很好笑，例如，法国学生交了一篇《大象罗曼史》，英国学生交的是《猎象记》，德国学生交上来的是一本《大象百科全书》，而中国学生的论文则变成了《象肉烹调法》。

这虽然是一则笑话，却十分形象地说明了各个国家之间因民族文化差异而导致的行为差异。

3. 复杂的经营环境

跨文化企业所面临的经营环境比较复杂。例如，在管理目标、经营观念、管理原则和管理风格等方面，跨文化企业的成员存在着明显的差异。这些差异会导致企业在管理中出现一些混乱和冲突，让决策的执行和统一行动变得比较困难。

面对这些困难，跨文化企业应该做出哪些应对之策呢？

吉利集团并购沃尔沃曾被称为"蛇吞象",被认为很难取得成功。但吉利集团在并购之前,就已经对沃尔沃公司的价值理念和行为方式等方面做过非常详细的调查。重点包括沃尔沃的核心价值观、规章制度、管理理念等。

吉利集团通过认真的调查评估后认为,双方企业文化的差距是最终并购交易成功与否的最关键因素。这是因为,吉利一方面需要学习和借鉴沃尔沃企业文化中的先进部分,另一方面必须要对放弃吉利自身企业文化中无法被沃尔沃所认同的文化因素做好充分的心理准备。

因此,吉利集团首先对企业自身在发展过程中过分重视速度以及低成本扩张的理念进行了深刻的反思,进而对企业管理过程中存在的一些弊端进行修正,还对自己的员工进行跨文化沟通训练,以提前应对未来面临的文化冲突。

最终,被吉利集团收购的沃尔沃公司重获新生,汽车销量也屡创新高。

在这个案例中,吉利集团针对与沃尔沃公司之间的企业文化差距,进行了卓有成效的文化整合。由此可见,跨文化企业必须要充分发挥两种文化的优势,进而在企业内部逐步建立起共同的价值观,使得企业中的每一位员工都将自己的思想与行为与企业的经营业务和宗旨结合起来,进而提高员工的凝聚力和向心力。

具体来说,企业应采取以下方法。

1. 加强企业高层文化的融合

加强高层文化的融合,就是在经营宗旨、经营目标、决策思维、决策模式等诸多方面的渗透与融合。

2. 重视企业中层文化的融合

企业中层文化的融合就是要在管理思想、管理办法、管理模式、管理风格等方面进行融合。企业双方通过在观念互补、制度建设、方法互学、机制互相借鉴等方面的合作,进而形成制度规范、观念新颖、方法科学、机制灵活的管理体制和以人为本、管理为主的激励机制。

3. 实现企业整体文化的融合

要想实现企业整体文化的融合,企业就要以实现中外文化的融合为宗旨,充分把握好不同文化之间的共性和个性、优势和劣势,从而吸收企业双方文化的精髓,做到取长补短、共同吸收、开创特色,以形成具有本企业特色的由生产经营、技术、产品、组织和管理等很多方面组成的整体文化。

联想集团并购了IBM公司的个人电脑业务后,首先在人力资源部成立了一个文化整合小组,成员包括联想、IBM以及麦肯锡咨询公司的战略与文化方面的专家。

文化整合小组负责收集、整理以及分析来自于公司各部门员工的意见或建议,对现有公司文化、员工渴望的文化以及两者之间所存在的差异进行评估。在此基础上,文化整合小组还对新联想的企业文化进行诠释。

他们提出了"坦诚、尊重、妥协"这六字方针,呼吁大家要以全新的心态来迎接并购带来的跨企业的文化挑战。

后来通过详细的调查数据,文化整合小组发现原联想和原IBM的员工对价值理念的选择结果中,有五项完全一致,例如,客户至上、诚信、创新、更有竞争力、生活和工作的平衡等。于是,新联想提出了成就客户、创业创新、精准求实、诚信正直的核心价值观。这令联想与IBM之间的企业文化得到了进一步融合。

最终,联想凭借收购IBM公司的个人电脑业务,实现了个人电脑业务全球市场占有率第一的目标。

经典案例：乔布斯的偏执，苹果公司独特的企业文化

苹果公司成立于1976年，是个人电脑最早的倡导者和生产商之一。苹果公司虽然几经起伏，但目前已成为世界上盈利最多以及市值最大的上市公司。其知名产品包括ipad、iPhone等。

从个人电脑到手机，充满个性的苹果公司在其进军的每一个科技领域内，都创造出堪称奇迹的经典之作。例如，电脑可以没有鼠标和键盘；手机系统流畅、外观时尚、易于操作。那只像是被上帝咬了一口的"苹果"，不断引领着人们进入一个新时代。

苹果公司的成功，离不开其独特且独具魅力的企业文化。那么，苹果公司的企业文化包括哪些内容呢？

1. 偏执与创新

或许没有任何一家公司能够像苹果这样，因创新而逐渐没落，又因极度创新而再度辉煌。乔布斯曾说："领袖与跟风者之间的区别，就在于是否创新。"我们从苹果公司的发展历程来看，每一次飞跃发展都是由创新引起的。

也就是说，创新已成为苹果企业文化中的灵魂，它并不像某些企业那样，只是当口号随便喊喊。因为在苹果公司的发展史上，从未有过克隆其

他公司的产品的现象出现。例如，苹果在个人电脑和手机史上创造了诸多的第一，并对计算机及手机行业产生了革命性的深远影响。尽管在乔布斯离开的12年间，苹果公司遭遇过数次危机，三次变更CEO，但是其团队对产品的创新从未停止过。

2. 酷爱冒险的"海盗"精神

苹果公司一直秉持"大无畏"的精神，始终在自己的产品世界中乘风破浪、从不畏缩。这导致苹果公司的企业文化呈现出另一个特点，那就是"酷爱冒险"。

苹果公司从白手起家开始，小小的苹果电脑便在技术领域内引发两次巨大变革，推出了令广大用户喜爱的Macintosh电脑以及鼠标定位器和图像表示法，这迫使IBM和微软等行业巨头纷纷加入苹果开启的新潮流。

苹果一直以这种独创精神引以为傲。苹果在创办初期就曾在公司楼顶悬挂海盗旗，以此宣称其"与众不同，我行我素"的特点。当时，业内对苹果的评价是"反主流"，就像是"海盗"一样独自迎战惊涛骇浪。

3. 注重人才

乔布斯在演讲中表示，他花了超过半辈子的时间才充分意识到人才的价值。在他看来，苹果公司要想制造出"与众不同"的产品，就必须要有"与众不同"的团队。因此，乔布斯不惜重金聘请行业的精英人才，甚至亲自参与招聘工作，寻找那些他认为最优秀的人才以及对苹果公司各个职位最适合的人选。

在苹果公司内部，每一位工程师都是天才，并强调以工程师为主导，拥有激情与开放的情怀。同时，公司赋予优秀人才大额的股票期权，以充分发挥他们自由的创造力，使其不被任何官僚主义妨碍。

4. 坚信苹果

苹果公司是非常"自负"的，原因大部分来源于乔布斯非常自我，因为他相信苹果公司一定是世界上最强的公司，与其他公司的做事方式绝对不同。尽管苹果公司的很多仇敌们无法忍受这一点，但对苹果公司的粉丝和员工来说，这一信条早已成了一种号召力。

此外，当员工初到苹果公司时，公司希望他们立刻忘掉曾经了解的技术。因为苹果公司所做的事情与其他公司区别很大。无论是产品的设计理念，还是公司独具特色的运营方式，只要是在苹果公司，所做事情就会有所不同。

因此，苹果公司希望员工忘记在其他公司的工作习惯，因为那些习惯可能会给"不同寻常"的苹果公司带来更多的麻烦。

5. 永不服输

在苹果公司的企业文化中，其中最具魅力的一点就是永不服输。就算产品经常被批评得体无完肤，苹果公司似乎也能在危急时刻迅速找到方法渡过危机。

例如，乔布斯在做出了一系列充满争议和风险的决策后，总能凭借正确的策略迅速扭转局面，使得公司能够获取更大的利益。如今，苹果公司创造的利润和市值早已打破世界纪录，品牌价值也位列世界第一，这些都源自于苹果公司永不服输的企业文化。因为乔布斯最不想看到的，就是自己的竞争对手击败苹果公司。

6. 关注细节

苹果公司懂得关注产品的细节，它认为这是取得长远回报的经营之道。以谷歌的Android操作系统与苹果的iOS操作系统相比较，Android操作系统最初可能卖得不错，但使用了一段时间后，人们就会发现Android和iOS操作系统之间的差距。

在大多数情况下，苹果公司比其他公司可能只是多努力了一点点，更多地注重细节问题。于是，就是这一点点的细节问题，让苹果公司成了最大的赢家。

7. 保密至高无上

苹果公司的保密工作非常完善,因为它对保密工作的态度与行业内的其他公司不同。因此,苹果公司在即将推出新产品时很少遭遇泄密的情况。为此,苹果公司为员工制定了长期的保密准则。那些泄露公司秘密甚至是无意泄露秘密的员工,都会被公司炒掉。

实际上,苹果公司拥有的企业文化离不开乔布斯,其个人对苹果公司企业文化的塑造产生了无比深刻的影响,而他的个人魅力和独特的精神文化在苹果公司也始终被贯彻执行。

为此,美国总统奥巴马曾经这样评价他:"乔布斯是美国历史上最伟大的创新领袖之一,他拥有非凡的勇气,能够创造与众不同的事情,并以大无畏的精神改变这个世界,同时,他的卓越天赋也让他成了那个能够改变世界的人。"

附录
APPENDIX

世界500强企业最喜欢聘用的13种人

在很大程度上，世界500强企业的成功与其用人之道是分不开的。因此，世界500强企业需要什么类型的员工，或者是需要具备什么样的能力才能通过应聘顺利进入世界500强企业，已经成为所有想进入世界500强企业的应聘者必须面临的课题。

世界500强最喜欢聘用以下13种人。

1. 尽职尽责的"牧羊犬"

一只尽职尽责的牧羊犬，总是会用一双警惕的眼睛不倦地巡视着它的领地，即保护着羊群不受野狼的偷袭。

而对世界500强企业的员工来说，工作业绩固然重要，但尽职尽责更是其成功的前提条件。

2. 善于团结合作的"蚂蚁"

蚂蚁虽然比较渺小，它们团结起来的力量却大得惊人，而且蚂蚁家族的生活井然有序，组织非常严密。比如，工蚁负责日常生活，蚁后负责繁衍后代。可一旦遇到困难，它们就会立即团结起来，顷刻间变得力量惊人、势不可挡。

即便是再伟大的天才，也绝不可能脱离团队，独自支撑一个庞大的企业。因此，我们必须像蚂蚁一样团结起来，各有分工、各司其职，将自己融入团队中去，最大限度地发挥团队的优势，并为了团队共同的目标而努力工作。

3. 目标远大的"鸿雁"

鸿雁能够义无反顾地展翅高飞，不管路途有多遥远，或遭遇多少困难，它们都会飞向目标。

而那些目光短浅的员工，一旦满足于现状，就会放弃他们追求的目标，从而错失良机，并坠入"小富即安"的泥潭中。只有那些像鸿雁一样目标远大的员工，才能在不懈的追求中取得更大的成功。

4. 脚踏实地的"大象"

大象是陆地上的庞然大物。它们不像狼一样张牙舞爪、逞凶斗狠，也不像鹦鹉一样巧言令色、百无一用，而是脚踏实地、一步一个脚印，给人带来强烈的安全感和责任感。

因此，像大象一样脚踏实地并说到做到的员工，是世界500强企业最需要的人才。同时，企业也更愿意对他们委以重任。

5. 善解人意的"海豚"

海豚是最善解人意的动物，它们能够准确地领会驯兽员的每一个指示，轻松地表演出各种美妙的动作。因此，它们赢得了"动物博士"的美誉。

实际上，在现代企业中，善解人意是一种最大的智慧。因为在企业复杂的人际交往中，情商已远远重于智商。如果我们善于理解他人，善于倾听他人的意见，就会更容易开展我们的工作；反之，则会处处受阻。

6. 适应环境的"变色龙"

变色龙是一种非常古老的爬行动物，广泛分布于地球的各个角落，而它们靠的是随着环境变化而变化的技能。

员工只有像变色龙一样，随着环境的改变而不断地调整自己，从而跟上企业前进的步伐，才能在竞争日益激烈的职场中胜出。

7. 目光锐利的"雄鹰"

雄鹰拥有一双锐利的眼睛，所以能够在广袤的草原中准确地辨别方向，精确地发现猎物，一切尽在它的掌握中。

而我们在职场中的很多事情好似雾里看花，这就需要我们具备一双锐利的眼睛，既能明辨是非、审时度势，又能看清趋势、洞穿未来。

8. 忍辱负重的"骆驼"

骆驼能够不辞辛劳、忍辱负重，滚滚的沙海、肆虐的狂风和无边的戈壁，这些大自然带来的强大压力依然不能让它产生丝毫的动摇。

因此，重压之下，我们是像骆驼一样忍辱负重，还是迅速逃离，将会最终决定我们拥有什么样的命运。

9. 严格守时的"公鸡"

公鸡日复一日、年复一年，无论是严寒还是酷暑，都不会停下来。

对于我们每一个人来说，守时既是信誉，也是美德。因此，要想敲开世界500强的大门，我们就必须做一个像公鸡一样严格守时的人。

10. 感恩图报的"山羊"

刚出生的小山羊，眼睛还没有睁开，它在吃奶时，却用虔诚地跪着的姿势来表达对母亲的感激之情。山羊虽然很普通，但其感恩图报的特点令人为之震撼。

在职场中，我们虽然可以像海绵一样吸取别人的经验，但是职场不是什么补习班，没有人有义务教导我们如何完成工作。因此，我们应该学习山羊跪乳的精神，怀有一颗感恩图报的心，来回馈更多的人，这样就会发现自己的成功之路也会变得更加平坦。

11. 机智应变的"猴子"

猴子机智、灵活，总能够迅速应对突如其来的变化，并且进退自如。

而职场中的我们，每天都会面临很多突如其来的变化。那么，是束手无策还是像猴子一样机智应变呢？这将会给我们带来不同的职场命运。

12. 勇于创新的"猩猩"

猩猩被认为是自然界中最聪明和最像人类的动物。当然，这里的"像人类"指的不是相貌，而是猩猩极强的生存能力，它们还会像人类一样勇于创新，比如制造和利用工具，如用树枝诱取白蚁，用石头砸开椰子，等等。

企业面临激烈的竞争时，必须要推陈出新，不断发展进步。而在职场上，富于创新的员工一定是最受世界500强企业欢迎的人才。

13. 勇敢挑战的"狮子"

狮子拥有一颗勇敢的心，作为森林之王的它们藐视一切、所向披靡，不断面对各种挑战，却始终能够赢得胜利。

人生是没有极限的，只有那些勇于面对挑战的人以及敢于向"不可能"说"不"的人，才是世界500强企业最需要的人才。

世界500强企业坚决不用的13种人

在应聘世界500强企业之前，我们必须对自己进行一个全面的了解。正所谓"知己知彼，百战不殆"，"知己"很重要，但"知彼"同样重要。我们在求职、应聘时，绝对不能忽视对企业的考量，尤其是世界500强企业，必须对其进行深度研究。那么，对500强企业来说，哪些类型的人是他们坚决不用的呢？

1. 毫无创意的"鹦鹉"

鹦鹉看起来非常华丽而又特别聪明。但它的华丽只是一种表象，聪明也只是哗众取宠，因为它只会重复别人的话。

像鹦鹉一样的人是毫无创意的，他们只会模仿、抄袭，奉行多做多错、少做少错的人生哲学；他们因循守旧、唯唯诺诺、不求进取、不求创新。而世界500强企业毫无例外地都会推崇创新，甚至把创新当成企业生存与发展的法宝。因此，世界500强企业绝不会用那些像毫无创意的鹦鹉一样的员工。

2. 无法与人合作的"荒野之狼"

荒野之狼是孤独的，它们没有丝毫的团队精神，也不喜欢与人友善合作，因此，尽管它们很有能力，却总是独来独往。

如果总是像荒野之狼一样，使自己变成一个孤家寡人，那么势必会独木难支、一事无成。而且毫无疑问，也会被崇尚团队或团队至上精神的世界500强企业拒绝。

3. 缺乏适应能力的"恐龙"

恐龙体形庞大,数量种类繁多,曾经遍布世界各地,但一场灾难就将其毁灭。

而职场中的"恐龙人"也是如此,他们一遇到变化就会惊慌失措,不能适应新的环境、新的工作和新的挑战,甚至连职位的调动和变迁都不能承受,这样的人注定会坐以待毙。

因此,我们只有坚持在职场的"适应之旅"中逐渐前进,才能不让"恐龙人"的悲剧再次上演。

4. 浪费金钱的"流水人"

那些花费公司钱物像流水一样的员工,控制成本的意识极差,他们总是在毫无限制地申报交际费和交通费等费用,浪费极大。他们丝毫不注重生产效率,因此成为浪费金钱的"流水人"。

而实际上,松下公司的便条是用电脑打印纸钉起来的,沃尔玛的总裁出差时会与员工住同一套房子。老板都这么节俭,我们有什么理由浪费呢?

5. 不愿沟通的"贝类"

像贝壳一样的"贝类人"总喜欢沉默是金,他们不愿与他人沟通,既狭隘又平庸。当公司遇到发展分歧,或遭遇困难时,他们总是抱着事不关己的态度,坐视不管。

在工作中,"贝类人"会因沟通不畅而引发很多问题。因此,世界500强企业一定会毫不迟疑地拒绝他们。

6. 不注重资讯汇集的"白纸"

白纸虽然干干净净,却不能给别人提供任何信息和任何帮助。

而像白纸一样的人，脑子里一片空白，他们不愿意思考，也不肯分析和判断，甚至连搜集、记忆有关信息都不愿意。这样的"白纸人"对企业来说百无一用。

当然，谁都有作为"白纸人"的时候，那么如何将白纸变成美文呢？首先，要养成时刻关注和搜集信息的习惯；其次，还要对搜集到的信息进行梳理和加工，以判断信息的价值；最后再决定如何利用这些信息。

7. 没有礼貌的"海盗"

海盗是不会讲究规则的，他们霸道、野蛮、粗鲁、散漫，而且不守时、不尊重他人。

但在职场中，有这样一种说法，"你不可能仅仅因为打对了一条领带就获得某个职位，但你肯定会因为戴错了领带而失去一个职位"。而且职场比较特殊，尽管不会以貌取人，但肯定不会欢迎那些举止粗野的"海盗人"。

8. 只会妒忌的"孤猿"

孤猿的两眼猩红，它们始终生活在内心狭小的天地里，既孤僻、寂寞，又妒忌成性。因此，它们总是害怕别人优于自己。

而在职场中，"孤猿人"遭受到的痛苦比其他人都要大，因为他们不是去自己的成就里寻找快乐，而是在别人的成就中品尝痛苦。这种职场上的妒忌，肯定不会被企业认可。

9. 没有知识的"小孩"

职场中的"小孩"总是习惯于满足现状，他们不思进取，处处需要他人的照顾，懒散地龟缩在自己狭小的天地里。而优秀的员工会用积极的方式去存储知识与技能,因为这是不被企业淘汰的资本。

一位世界500强企业的人力资源经理曾说:"对每一位初来报到的员工,我都会提醒他,你的文凭和经验只能代表过去,其价值只体现在底薪上,时间是3个月的实习期。要想在公司继续干下去,就必须从小学生学起……一个不善于学习的人,其工作能力一定不怎么样。"

10. 不重视健康的"幽灵"

"幽灵"阴森恐怖,来去匆匆,一旦出现,绝不是什么好事。而职场中的"幽灵人",一天到晚总是只知道工作,整天忙忙碌碌。他们情绪低落、压力沉重,进而导致工作效率很低。但更重要的是,他们可能还会将自己萎靡不振的情绪传播给其他人。

因此,拥有一个健康的身体是我们征战职场的本钱。否则,身体垮了,还谈什么工作呢?因此,我们要善待自己的身体,同时,每天给自己一个快乐起来的理由,并让快乐成为引爆生命潜能的导火索。

就像一位美国职业发展专家说的那样:"快乐,是减压的最好方法。"

11. 过于慎重消极的"岩石"

岩石的特点是沉重、冷淡、孤傲、悲观,而像岩石一样的人,也是悲观、冷漠的。

而职场中的"岩石人",缺乏工作热情,对周围事物漠不关心,既消极又被动,很难抓住来之不易的机会。甚至他们一遇到挫折,就会怀疑自己,进而不能自拔,并失去前进的信心。这样的人,任何企业都不会需要。

12. 摇摆不定的"墙头草"

墙头草总是摇摆不定,而像墙头草一样的人没有自己的立场,只会附和别人。当企业出现纷争时,他们会随时倒向势力大的一边。

英特尔前总裁格鲁夫曾有一句名言:"只有偏执狂才能生存。"因此,机会不会总是恩赐那些摇摆不定的墙头草。

13. 自我设限的"家畜"

家畜总是循规蹈矩、亦步亦趋,始终不敢越雷池半步,因为它们已经预定了自己的一生。

而那些自我设限的人,就像是家畜一样。他们总是画地为牢、不求进步,甚至不敢突破自我,也不肯挑起重担。

而一个人最终能够取得什么样的成就,往往取决于最初定下的目标。因为心有多大,舞台就有多大!